JN166421

外務省犯罪黒書

佐藤 優

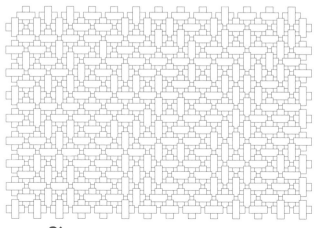

講談社+α文庫
プラスアルファ

文庫版まえがき

私の人生に大きな影響を与えた人が何人もいる。大多数は、肯定的意味での影響だが、極少数、否定的な意味で大きな影響を与えた人もいる。外務省事務方トップの杉《すぎ》山晋輔《やましんすけ》外務事務次官は、後者の筆頭格の人物だ。杉山氏が東京地方検察庁に事実ない事柄を供述したおかげで、私は刑事被告人となり東京拘置所の独房に512日間勾留されるという得がたい体験をした。

私は杉山氏との接触を通じて、外務省に「義理を欠き」、「人情を欠き」、その上、「恥をかく」ことを何とも思わない「サンカク」官僚がいることを実感した。もっとも「サンカク」を徹底すれば、出世はするようだ。杉山氏の2018年1月29日付の人事を新聞各紙が報じた。

〈安倍内閣は9日の閣議で、駐米大使に杉山晋輔外務事務次官を、後任の事務次官に秋葉剛男外務審議官をあてるなどの人事を決めた。現在駐米大使を務める佐々江賢一郎氏の在任が5年余りと長期化していたため、昨年秋にトランプ米大統領の来日を終えたタイミングで交代させ、新体制で米国との更なる関係強化を図る。〉

（２０１８年1月10日「朝日新聞デジタル」）

小泉純一郎政権下の２００２年7月22日に、「外務省改革に関する『変える会』――最終報告書――」なる文書が発表された。そのアクション・プログラムには、外務事務次官について、以下の提言が記されていた。

〈事務次官が外務省事務方の最高責任者として求心力と指導力をもって省内を統括していくために、在任期間を現在より長期化し、少なくとも3年を目処とすることを検討する。次官は外務省組織の最頂点であり、従って最終ポストたるべきである。〉

（www.mofa.go.jp/mofaj/annai/honsho/kai_genjo/change/saishu-ap.html、２０１８年1月2日閲覧）

前外務事務次官の齋木昭隆氏は、「次官は外務省組織の最頂点であり、従って最終ポストたるべきである」という原則に忠実に、外務省を去り、民間で活躍している。杉山氏によって外務事務次官ポストに関する外務省改革は、完全に反故にされたといっていい。近く、この記述も外務省ホームページから削除されることを懸念するので、私はあえてこの箇所をまえがきで引用することにした。

外務事務次官に就任してからも、杉山氏は規格外の「業績」を残している。「週刊新潮」がこんなスクープをした。


〈外交上手がＤＶ⁉　「外務省トップ」が妻に110番された
星一徹が如くちゃぶ台返しして家人をひっぱたく。いくら亭主関白を気取っても、それは漫画の話に限っておくのが賢明である。今や夫婦喧嘩でモノにあたって相手に手を出せば、立派なＤＶで警察沙汰だ。よもや外務省のトップがそんなことをしていたならば……。

6月上旬の深夜1時頃、都内にある高級マンションの一室から、女性の声で110番が警視庁に入った。すぐさま所轄の麹町署から、警戒中の警察官が急行したが、近所の住人もこんな光景を見ていたと言う。

「廊下のあたりで、品のよさそうなご婦人が制服を着た警察官3人に囲まれていましてね。女性が必死に何か訴えている様子でした」

麹町署の管内は、皇居に始まり国会議事堂や首相官邸、最高裁判所から各国大使館まで含まれるが、通報のあったマンションも重点警備対象のひとつだった。

何を隠そう、部屋の主は外務省の事務方トップである杉山晋輔事務次官（64）。警察にしてみれば、すわ要人を狙ったテロ発生かと慌てて急行したに違いない。

だが、その実はなんともドメスティックな事情だったと社会部記者が明かす。

「杉山次官が手を上げたとかで奥さんが逆上し通報したそうです。現状では事件性ナシという判断でその場は引き揚げたようですが」

杉山氏といえば、6月23日付の朝日新聞で留任が報じられたばかり。国を背負って世界と交渉する人間が、警察のご厄介になるとは俄かに信じがたい。

政治部デスクによれば、

「昨年6月、齋木昭隆前次官の後任となった杉山さんは、早大在学中に外交官試験に合格。初の私大出身次官となった異能の官僚です。官邸に日参して、外遊でも常に安倍総理の傍で気さくに雑談に応じるなど、政権幹部からの信頼が厚い。昨年の米大統領選ではトランプ当選を予測できず、日露交渉や拉致問題も不調続きで失点が多い外務省にあって、杉山さんが留任するのなら、その〝社交性〟が高く評価されているのでは」

派手な指輪にキツイ臭いの香水を好み、宴会芸では火のついたローソクを尻に差すなど、〝本業〟以外の話題に事欠かない人物だ。

で、件の現場を訪ねると、パーティー帰りかドレス姿の奥様と連れ立って歩く杉山次官はこう弁解する。

「夫婦間のイザコザがあったことは事実です。つまらない喧嘩で警察を巻き込んだことは、極めて不徳の致すところで非常に反省しております。翌朝、私と家内と2人で麴町署の生活安全課に行って陳謝しました。事件化されたとか、病院へ行った事実はありません。もう二度としてはいけないと思っております」

永田町で上の覚え目出度き「外交上手」でも、家庭では奥様のご機嫌とりが芳しくなかったのもまた事実。総理、今一度ご再考くださいませ。〉

（『週刊新潮』2017年7月13日号）

「週刊新潮」記者の突撃取材に対して逃げずに「極めて不徳の致すところで非常に反省しております」として、誠実さを装うあたりも、杉山氏らしい。

本書を通じ、ピカレスク（悪漢）小説の主人公のような人物が、日本外交の中枢を担っている事実を一人でも多くの国民に知ってもらいたいと私は願っている。

2018年1月

佐藤　優

目次

はじめに

本書は、骨太なノンフィクションや重厚なルポルタージュ記事で定評のあった月刊誌『現代』に、２００６年６月号から２００７年１月号にかけて連載された拙稿「外務省『犯罪白書』」を、ほぼそのままの形で一冊の書籍にしたものである。

２００２年５月14日に、東京地方検察庁特別捜査部によって、外務省関連の国際機関「支援委員会」から２０００年４月にイスラエルで開かれた国際学会に学者派遣の費用を支出したことが背任にあたるとの容疑で逮捕された私は、２００６年当時は「起訴休職外務事務官」、つまり外務省職員の立場にあった。そのため、この連載の原稿はすべて掲載前に外務省に届け出ている。事実誤認の指摘ならば、もちろん私は訂正に応じる用意があった。だが、外務省からは「公の場で論じることは適当ではない」「（表現には）十分留意ありたい」などという返事が戻ってくるだけで、「内容が誤っている」という指摘は一度もなかった。もっとも、本書の内容は基本的に鈴木宗男氏の質問主意書（後述）によって事前に確認済みなので、外務省が文句をつけられるワケはないのだが——。

それだから、本書の内容はすべて真実である。

本書のサブタイトルを「外務省検閲済」としたのは以上の理由による。

なぜ、あらためて本書を世に出そうと思ったかについては二つの理由がある。

一つは個人的なものだ。今年で55歳になった私は人生の残り時間について考えることが多くなり、作家としての自分がこれまで責任を持って世に問うてきた文章のうち、特に思い入れの深いものについては、しっかりとした記録として後世に残しておくべきだという思いが強くなった。

今から8年前、私はこの連載を、文字どおり、外務省の腐敗官僚と刺し違える覚悟で書いた。それが外務省のために私ができる最後の務《つと》めだと考えたからだ。だが、執筆から8年が経過した現在、外務省は自浄作用を発揮し、省内の腐敗を一掃させ、本来あるべき姿に生まれ変わったと言えるのだろうか。

残念ながら否である。そしてそれこそが書籍化を進めた第二の理由でもある。

巷間漏れ伝わるように、外務省のナンバー2である杉山晋輔審議官が来年にもトップの事務次官に就任するという噂が流れている。だが、2001年に発覚し、外務省が世間から激しくバッシングされた、いわゆる「外務省機密費流用事件」の端緒を作った人物こそが、他ならぬこの杉山晋輔審議官であったことを、現在も覚えている人はそれほど多くはないのではないだろうか。

杉山氏の過去の罪状の一部始終については、鈴木宗男氏の『闇権力の執行人』（講談社＋α文庫）の第4章「腐臭が流れ出す場所」に詳しい。今回は鈴木氏の厚意により、特別にこの第4章も収録させていただくことにした。本書によって外務省の腐敗の歴史に興味を持たれた読者は、ぜひ『闇権力の執行人』も併読されることをお勧めしたい。

本書には、海外で酒気帯び運転により人を殺したにもかかわらず、1ヵ月の停職処分で済み、その後大使にまで出世した人物を含めて、さまざまな「理由《ワケ》あり」の外務省職員が実名で登場する。

諸般の事情を考慮して、今回は自費出版の形で出すことにした。経済合理性とは別の観点から本書を世に出したいと思うからだ。また、2006年の記録としての資料性を重視し、登場人物などの年齢や肩書などはすべて当時のままとした。

2015年11月

佐藤　優

第1章

隠蔽される不祥事

本書の意義

八方塞がりに陥った日本外交が現下の苦境から抜け出す兆しはまったく見えない。上海総領事館電信官が中国公安当局に恫喝され、2004年5月6日に自殺した事件でも、外務省は遺書を公開した上で、中国国家機関による日本人の人権と日本国家の国権の侵害に対して毅然たる抗議を行うのではなく、「御遺族の意向」を口実に真相究明を避けようとする。

3月31日付読売新聞朝刊が電信官の遺書をスクープすると、外務省は事務次官を長とする「秘密保全調査委員会」を立ち上げ、犯人捜しにやっきになる。

テレビのワイドショーや週刊誌では、特権に安住し、国民一人当たりの年間所得が30万円にも満たないロシアで、日本大使館に派遣されている学生のアルバイト職員が月35万円を上限とする住居手当をもらい、40代半ばの外交官では約700万円の本給の他に諸手当の金額が2200万円になる場合もあり、しかもその手当には課税がなされず、外務官僚の大多数が蓄財をしているという実態が暴露される。

痴漢、盗撮、買春といったハレンチ犯罪に走る外務省職員も後を絶たない。いったい外務省はどうなっているのであろうか。

筆者自身、4年前に「ムネオの手先」として、国益を毀損し、公金を不正使用した悪の権化として厳しく弾劾された。外務省は内閣官房報償費（機密費）詐欺事件、鈴木宗男疑惑などの「負の遺産」を川口順子《より こ》外相―竹内行夫事務次官のコンビが進めた外務省改革で完全に克服したと胸を張った。しかし、外務省改革に成功したというにもかかわらず外交が八方塞がりになり、外務省で不祥事が多発するのはどうしたわけなのだろうか。

一般論として、人は能力が極めて低くなると自分自身の能力の低さを認識できないような状態になる。自分がすべて正しく、周囲がすべて間違えているように、世界が見えるようになる。能力低下が急速に進んだため、もはや外務官僚は自らの姿が見えなくなり始めているのである。このような状況で外務省改革の安直な処方箋を書いても意味がない。

まず外務官僚の真実の姿を国民の前に明らかにし、「われわれはこんな国に住んでいるんだ」という認識を国民の間で共有することが、逆説的だが実効的な外務省改革、日本外交の立て直しに貢献すると思う。このためには鈴木宗男衆議院議員（新党大地代表）が連発している質問主意書に対する内閣答弁書を読み解いていくことが実に効果的だ。

飲酒運転で人を殺しても「停職1ヵ月」→後に大使に

泥酔して自動車を運転し、人をひき殺したらどうなるであろうか。まず確実に交通刑務所に行くことになるだろう。職場も懲戒免職になる可能性が高い。仮に事故を起こしたのが国会議員や国家公務員であれば、その事実がマスコミで報道され、社会的制裁を受けるであろう。しかし、これは一般社会での常識に過ぎない。このような常識が通じない「聖域」がある。それが日本国外務省だ。かつて飲酒運転で赴任先の人を殺害した外務官僚は、外交特権を援用して刑事罰を免れ、現在は特命全権大使をつとめている。

また、横浜駅で女性のスカートの内部を盗撮し、現行犯逮捕された外務官僚に対して外務省は減給10%を1ヵ月という処分を行っただけだ。この職員は今も外務省で勤務している。これらの事実は氷山の一角に過ぎない。このようなこれまで秘密のベールに包まれていた外務省の実態が、質問主意書を読み解くことで徐々に浮かび上がってくる。質問主意書制度については、後ほど説明するが、質問主意書から外務省が隠蔽しようとする事実をどのようにして明らかにするかについて具体的事例をとって説明したい。

〈問：1992年9月27日午前1時ごろから約1時間、モロッコ王国の首都ラバト市内のバーでウイスキーを飲んだ後に、飲酒状態で自動車を運転し、帰宅する途上、速度超過と不注意によりタクシーに追突し、その弾みでスクーターに乗っていた現地人を死亡させた外務省在外職員がいるか。当該外務省職員は外交特権を有していたか。当該外務省職員に対してどのような処分がなされたか。処分の内容は飲酒状態での交通事故で人を死亡させたことに鑑みて妥当と考えるか。処分内容は公表されたか。

答：外務省の職員が御指摘の事故を起こしたことは、事実である。当時、当該職員は、国際法上の特権及び免除を享有していた。当該職員に対して、停職処分が行われている。外務省として、この処分に関する当時の判断は、妥当であったと考える。外務省において確認できる範囲では、当時、この処分の内容については、公表していない。〉（「外務省在外職員の飲酒対人交通事故に関する再質問主意書」、第164回国会衆議院質問番号74、質問提出年月日2006年2月15日、答弁書受領年月日同年2月24日。ここではわかりやすくするために質問主意書を一問一答の形式に書き改めたが、内容は一切変更していない（以下同）。なお質問主意書・答弁書の全文は衆議院公式ホームページより閲覧できる）

外務省の犯罪を暴くのに有効な「質問主意書」

その後、鈴木宗男氏は外務省に対して配達証明郵便で、国家公務員法に基づき処分された外務省職員の処分通知書の写しを請求し、外務省から提供された資料によって、この事故を起こした職員が岡本治男氏であることと停職期間がわずか1ヵ月であることを確認した。外務省公式ホームページによるとドミニカ共和国の特命全権大使と同姓同名だ。そこで鈴木宗男氏はより詳細を知るために別の切り口で質問する。重複があり、少しくどくなるが、外務省を追い込み真実を明らかにするためにはこのような方法で攻めるのが有効だという実例を示したいので、お付き合い願いたい。

〈問：「第2回答弁書」（注・前出の答弁書）で、1992年9月27日午前1時ごろから約1時間、モロッコ王国の首都ラバト市内のバーでウイスキーを飲んだ後に、飲酒状態で自動車を運転し、帰宅する途上、速度超過と不注意によりタクシーに追突し、その弾みでスクーターに乗っていた現地人を死亡させた外務省在外職員が存在し、外務省が当該職員を停職処分にしたことが明らかになったが、停職期間を明らかにされたい。当該職員は現在も外務省に在籍しているか。退職したならば、その際に退職金が支払われたか。
答：停職期間は、1ヵ月である。御指摘の職員は、現在、外務省に在籍している。〉
(「外務省在外職員の飲酒対人交通事故に関する第3回質問主意書」、第164回国会、番号127、質問3月6日、答弁3月14日)

〈問：2006年3月1日現在、特命全権大使をつとめる外務省職員の内、国家公務員法上の懲戒処分を受けた者が何名いるか。その内、停職、減給、戒告を受けた人数を明らかにされたい。停職についてはその期間、減給についてはその率と期間も明らかにされたい。
答：外務省において確認できる範囲では、お尋ねの職員は延べ8人であり、停職1月間が1人、減給3月間（俸給の月額の10分の2）が1人、減給3月間（俸給の月額の10分の1）が1人、減給1月間（俸給の月額の10分の2）が1人、減給1月間（俸給の月額の10分の1）が2人及び戒告が2人である。
問：右の懲戒処分を受けた外務省職員の内、交通事故により人を死に至らしめた者がいるか。いるならばその人数と事故の発生日と処分発令日を明らかにされたい。
右の外務省職員の内、飲酒の上、自動車を運転し、人を死に至らしめた事例があるか。あるならば事故の発生日と処分発令日を明らかにされたい。

答：外務省において確認できる範囲では、前問について述べた職員のうち、自動車を運転して起こした、人の死亡に係る交通事故を起こした者は1人であり、当該職員は、飲酒をした後、自動車を運転していた。当該事故の発生日は1992年9月27日であり、また、当該事故を事由とする処分の発令日は93年4月29日である。〉（「懲戒処分を受けた外務省職員の人事に関する質問主意書」、第164回国会、番号164、質問3月20日、答弁3月31日）

これで現在、在ドミニカ共和国特命全権大使をつとめている岡本治男氏が、モロッコで酩酊した上、自動車を運転し、人を殺したにもかかわらず、刑事責任を免れ、外務省の処分もわずか停職1ヵ月に過ぎないという事実が判明した。しかも外務省は、「この処分に関する当時の判断は、妥当であったと考える」と開き直っている。特命全権大使は赴任国における日本を代表する「国家の顔」で、宮中に参内して天皇陛下の信任状を受ける。

外務省は宮内庁に対して、「今度のドミニカ大使は、かつて酩酊して交通事故を起こし、人を殺しています。外交特権を援用して刑事罰を免れ、しかも停職1ヵ月という甘い処分で済ませた経緯があります。しかし、事実関係についてマスコミに発表していないので、まずバレることはないと思います。是非とも陛下の信任状を頂きたいと考えています」と正直に実情を伝えたのであろうか。

別の質問主意書に対する答弁では、3900円のTシャツを万引きし、警備員に取り押さえられた外務官僚に対して、停職1ヵ月の処分がなされたことが明らかになっているのだが、外務省の価値基準では、外国人一人の生命とTシャツ1枚が「停職1ヵ月」という同じ価値をもつことになる。組織が正常に機能するためには信賞必罰の人事が不可欠だ。それがなされていないところに現在の外務省の病理があると筆者は考えている。

筆者が関与した揉み消し工作

特命全権大使で、1999年2月15日深夜、夫人を殴り負傷させ、逮捕状を出され、現地の司法手続きに服さざるを得なくなり、外務省から10%の減給3ヵ月の処分を受けた人物がいることも質問主意書で明らかになった。現在パナマ大使を務める下《しも》荒地《こうじ》修二氏である。DV（配偶者からの暴力）大使の事件についても外務省は「外務省の職員が御指摘の行為を行ったこと等は、事実である。外務省は、任国における司法手続が終了した後、直ちに当該職員を帰国させるとともに、減給処分を行った。外務省としては、この処分に関する当時の判断は、妥当であったと考える。当該職員は、現在、特命全権大使を務めている」(「配偶者からの暴力(DV)問題についての外務省の認識に関する質問主意書」、第164回国会、番号119、質問3月2日、答弁3月10日)と完全に開き直っている。

筆者は、本稿を文字通り外務省と刺し違える覚悟で書いている。筆者自身、外務省組織の中で過ごし、また、1997年から2002年まで、組織から特命を与えられ、内閣総理大臣官邸との連絡係や鈴木宗男衆議院議員を担当する「出向秘書」を務めた。

特例として局長と同額の外務省報償費(機密費)も与えられていた。そのために外務省の中堅職員が触れることのない外務省幹部と政治家の関係や、社会通念からかけ離れた外務省文化についての真実を知ることになった。外交やインテリジェンス(情報)の世界では、一般の社会通念と異なる慣行や文化が存在する。国民の目線からすれば、浪費に見えるようなカネの使い方もある。汚い仕事もたくさんある。日本の国益のためには、賄賂や脅迫で情報をとることもあるし、また、任務遂行のために必要ならば、身内の不祥事の揉み消しくらいは平気で行う。

先ほど、酩酊状態で起こした人身死亡事故の例を取り上げたが、筆者自身、モスクワに在勤したときに、同僚が酒盛りの後、酩酊状態で起こした人身事故を警察署まで赴いて揉み消したこともある。もちろん上司の指示に基づいて行った「仕事」だ。その同僚は筆者と特に親しい関係にあったわけではないが、職務の性質上、絶対に敵側に取り込まれてはならない人物だった。

そのときはたまたまロシアの警官が、同僚の財布からカネを抜き取った事実が明らかになり、そのことをうまく使って、ロシアのある高級官僚を通じて、「話をでかくするとロシアのためにもならない」と言って揉み消してもらった。この事実関係については特別の電報で外務本省にも必要最低限のことを報告した。鈴木宗男氏の質問主意書に対する回答で、外務省はこの交通事故については一切言及していない。

なぜ日本外交は八方塞がりの状況に陥ったのか

外交は人である。現在、日本外交が八方塞がりの状況に陥ってしまっているのは、外務官僚が職業的良心に基づいて行うべき作業を行っていないからだ。外務省職員のほとんどは能力が高く、それなりの国益観をもった人間的魅力にあふれた連中だ。しかし、現在、多くの外交官がやる気をなくしている。これは個人のモラルの問題ではなく、組織的な構造悪に起因している。特にその傾向が過去4～5年、急速に進行し、不作為体質が外務省全体に蔓延し、国益を毀損している。

筆者は暴露話をするつもりはない。それは格好をつけているからではなく、暴露話というのは、一時的な話題にはなっても、すぐに忘れ去られ、現実に影響を与えないという実態をロシアでも日本でも見てきたからだ。

外務省関係者から内部文書や情報が、現在も鈴木宗男氏や筆者のところに届けられる。匿名の密告状やファックスもときどき来る。どんな組織にも不満分子はいるし、また人事抗争がある。一部の外務官僚は、筆者を駒として利用することを考えているのであろう。昨年末に『週刊文春』がスクープした上海総領事館電信官の自殺事件についても、報道の3週間前には、筆者や鈴木宗男氏のところにも電信官の実名や遺書の概要を含め、正確な情報が届いていた。

筆者は提供された情報は有り難く頂戴するが、情報提供者の思惑通りには動かない。同時に情報提供者の動機が恨みや内部抗争であるとしても、そのことが本質的な問題であるとは考えない。提供された情報が真実であり、かつ国民の知る権利に奉仕する内容であれば、情報提供者の動機など取るに足らない要因だ。

内部情報に関して、確認を求めても外務省はまず逃げる。しかし、いくら逃げようとしても、情報が真実である場合は、どれほど隠蔽を試みようが必ずほころびが生じる。そこで真実を明らかにするために質問主意書がとても有効な武器になる。国会議員が政府に質問をするときは、「簡明な主意書を作り、これを議長に提出しなければならない」(国会法第74条2)。

具体例に即して言うならば、鈴木宗男氏が外務省に質問したいことがある場合、まず質問を紙にして、河野洋平衆議院議長に提出し、河野議長がその質問を小泉純一郎総理に対して行うという形をとる。立法府の最高責任者が行政府の最高責任者に質問することになる。

「内閣は、質問主意書を受け取った日から7日以内に答弁をしなければならない。その期間内に答弁をすることができないときは、その理由及び答弁をすることができる期限を明示することを要する」(国会法第75条2)と定められている。内閣が質問を受け取ってから7日以内に書面で答弁をするのである。通常の国会答弁では、局長の決裁を得ればよいのであるが、質問主意書に関しては必ず外務大臣の決裁が要る。さらに内閣法制局と協議し、案文を事務次官会議にかけ、閣議了解を得て、小泉総理が河野議長に送り、それが鈴木宗男氏に届けられるということになる。

したがって、7日間の時間的余裕があるといっても、答弁書の作成に費やすことができる時間は実質、2日間程度だ。しかも閣議を経る文書なので、虚偽答弁がなされたり、従来の答弁と矛盾を来すと政治的大問題になる。質問主意書に官僚が嘘をついたことが後で露見すると、総理に責任がかかってくるので、嘘の答弁書を作成した人物の官僚生命は確実に絶たれる。官僚がもっとも嫌がる仕事の一つが質問主意書に対する答弁書作成なのである。

しかも、露見するような嘘をつくことができないという厳しい縛りがあるため、普段ならば「そのような事実はない」と外務官僚が平然と言い切るような内容でも、答弁書の場合には、「そのような事実は確認されていない」とか「個人情報なので答弁を差し控えたい」というような形で逃げるのである。

また、質問主意書の内容は、外務事務次官、外務大臣、内閣法制局、各省事務次官、閣僚の目に触れるので、外務官僚が答弁書では逃げを打っても、彼らが隠したがっている問題が何であるかということが行政府のトップエリートに知られてしまう。このことがもつ腐敗官僚への抑止効果も無視できない。このような事情があるので、質問主意書は国会議員にとってとても重要な武器になるのである。

「敵が嫌がるところを徹底的に衝いていく」というのがインテリジェンスの鉄則であるが、鈴木宗男氏の外務省に対する質問攻勢も明らかにこの原則に貫かれている。さまざまな角度から質問責めをすると、隠蔽している真実の尻尾が露見し、その尻尾を引っ張ると全体像が明らかになる。その一例が冒頭の岡本治男在ドミニカ共和国大使の「人殺し」の過去であった。

鈴木宗男氏の質問攻勢により、外務省が国民の眼から真実を隠蔽しようとしていることは、主に①不祥事、②外務官僚だけがもつ摑み金などの特権、③外交政策上の謀略の3つに分かれる。『月刊現代』編集部から3回連載する機会を頂いているので、この順番で具体的分析を行いたい。

猥褻事件で外務官僚が懲戒免職になる事例は「少ない」

2006年4月18日に在リトアニア大使館の松田幸明二等書記官が児童買春・児童ポルノ禁止法違反容疑で逮捕された。2004年9月9日にデリバリーヘルスで自宅に16歳の少女を呼び込み、5万円を払って猥褻な行為をしたということだ。外務省は逮捕直後、18日付で松田氏を懲戒免職にしている。しかし、猥褻事件で外務官僚が懲戒免職になる事例は、実は少ないのである。質問主意書で実態を見てみよう。

〈問：1999年4月1日朝に、通勤途上、同一女性に対して痴漢行為を行っていることが発覚した外務省職員がいるか。右職員に対して外務省はどのような処分を行ったか。右処分は社会通念上妥当と考えるか。右職員は現在も外務省に在籍しているか。

答：外務省の職員が御指摘の行為を行ったこと等は、事実である。当該職員に対して、減給処分が行われている。外務省としては、この処分に関する当時の判断は、妥当であったと考える。当該職員は、現在、外務省に在籍している。〉

〈問：2001年1月29日、電車内で隣にいた女子高校生の体を触る等の痴漢行為を行った外務省職員がいるか。右職員に対して外務省はどのような処分を行ったか。右処分は社会通念上妥当と考えるか。右職員は現在も外務省に在籍しているか。

答：外務省の職員が御指摘の行為を行ったことは、事実である。当該職員に対して、減給処分が行われている。外務省としては、この処分に関する当時の判断は、妥当であったと考える。当該職員は、退職している。〉

〈問：2001年1月26日、横浜駅ビルにおいて女性のスカート内をビデオ撮影しているところを現行犯逮捕された外務省職員がいるか。右職員に対して外務省はどのような処分を行ったか。右処分は社会通念上妥当と考えるか。右職員は現在も外務省に在籍しているか。

答：外務省の職員が御指摘の行為を行ったこと等は、事実である。当該職員に対して、減給処分が行われている。外務省としては、この処分に関する当時の判断は、妥当であったと考える。当該職員は、現在、外務省に在籍している。〉

〈問：2001年9月30日ごろ、神奈川県厚木市内の路上に駐車中の自己運転車両内において、15歳の女子中学生に対し、同女が18歳に満たないと認識しながら、同女の面前で猥褻な行為を見せ、更に同女に現金1万円を供与して猥褻な行為をさせ、児童買春を行った外務省職員に対して、外務省はどのような処分を行ったか。96年ごろ、右職員が対中国情報業務に従事していたという事実があるか。

答：御指摘の行為を行った外務省の職員に対して、免職処分が行われている。当該職員が「対中国情報業務」に従事していたかとのお尋ねについては、御指摘の業務の具体的な内容が明らかではなく、お答えすることは困難である。〉

〈問：2003年3月10日、出勤途中に乗り合わせた女子高校生に対して痴漢行為を行った外務省職員がいるか。右職員に対して外務省はどのような処分を行ったか。右処分は社会通念上妥当と考えるか。右職員は現在も外務省に在籍しているか。

答：外務省の職員が御指摘の行為を行ったことは、事実である。当該職員に対して、停職処分が行われている。外務省としては、この処分に関する当時の判断は、妥当であったと考える。当該職員は、退職している。〉

〈問：2003年10月3日、出勤途中に乗り合わせた女子高校生に対して痴漢行為を行った外務省職員がいるか。右職員に対して外務省はどのような処分を行ったか。右処分は社会通念上妥当と考えるか。右職員は現在も外務省に在籍しているか。

答：外務省の職員が御指摘の行為を行ったことは、事実である。当該職員に対して、停職処分が行われている。外務省としては、この処分に関する当時の判断は、妥当であったと考える。当該職員は、現在、外務省に在籍している。〉

〈問：2004年5月20日、出勤途中に乗り合わせた女性に対して痴漢行為を行った外務省職員がいるか。右職員に対して外務省はどのような処分を行ったか。右処分は社会通念上妥当と考えるか。右職員は現在も外務省に在籍しているか。

答：外務省の職員が御指摘の行為を行ったことは、事実である。当該職員に対して、減給処分が行われている。外務省としては、この処分に関する当時の判断は、妥当であったと考える。当該職員は、現在、外務省に在籍している。〉（以上いずれも「外務省職員に対する懲戒処分に関する質問主意書」、第164回国会、番号91、質問2月20日、答弁2月28日）

国益のために働いたエージェントを冷酷に切り捨てる外務省

この質問主意書によれば、1980年から2006年2月までに児童買春、痴漢などで処分を受けた外務省職員の数は全部で7名、すなわちこの質問主意書で指摘された事例がすべてであるとの答弁だが、ここで明らかになったのは氷山の一角に過ぎない。逮捕されたり外務省に通報されたりしなかった事例については処分から漏れていると思われる。

また外務省の国内職員は約2000名であるが、在外職員は約3000名だ。統計の一般原則からして、2000名に対して7件露見した猥褻事件が、3000名に対しては0件であるということはありえない。在外公館では露見していない猥褻事件があると見るのが妥当であろう。

このうち、懲戒免職になったのが1名だけで、4名が現在も在職しているのは驚きだ。ちなみに懲戒免職となった佐藤利行氏は、国際情報局分析第二課に勤務していた時期に、総務班長をつとめ、中国残留日本人孤児二世の原博文氏をエージェント（協力者）に仕立て上げ、中国での情報収集活動に従事させていた。

原博文氏は1996年に北京空港で逮捕され、国家秘密探知罪で北京の刑務所で2003年まで服役した。帰国した原博文氏から外務省の情報担当者は逃げ回り、ようやく捉まえた元情報担当官は「もう過ぎたことだから、担当者はみんな異動した。生活に困っているなら、地元の市役所に行って生活保護を受けたらどうか」（原博文「私は外務省のスパイだった」『正論』［産経新聞社］2006年5月号）との暴言を吐いたという。インテリジェンス（情報）機関にとって、協力者を守るのは掟であり命である。しかも自国民の協力者すら冷たく切り捨てるような組織に外国人が協力することは絶対にない。協力者を守れない現在の外務省を基盤に本格的なインテリジェンス機関を作ることはあまりに危険だ。

筆者も同時期に分析第一課に勤務し、何度も分析会議で佐藤利行氏と議論をした。佐藤氏は東京大学経済学部卒のキャリア職員で、大学時代にグレコローマンスタイルのレスリングをしていたので、身長は160cm程度だったが筋肉質で、がっちりしていた。仕事熱心で真面目な人物だった。当時の国際情報局は各国のインテリジェンスのプロからそれなりに評価される仕事をいくつかしていた。

インテリジェンスの世界では「クオーター（区分）化の原則」があるので、当時、佐藤利行氏や、彼の前任者で原氏をエージェントに仕立てた石塚英樹氏が行っていた協力者工作について、筆者はまったく知らなかった。『正論』5月号の手記から判断する限り、外務省が原博文氏から得た中国の内部資料は政治情勢を分析する上で、プロには喉から手が出るような第一級の情報だ。この情報工作自体は日本の国益から考えて、意味のあるものだったと思う。

問題は外務省に情報収集の基本的体制と訓練ができていなかったことだ。それだから事故が発生した。佐藤利行氏にしても緊張度の高い職務の重圧が歪んだ形で発散されるようになり、その結果、少女買春事件を引き起こしたのだと筆者は見ている。

外務省の人事政策は場当たり的なので、質問主意書で確認された盗撮癖のある人物や痴漢常習者が、海外の日本大使館や総領事館で、邦人保護を担当する領事として勤務する可能性もある。外国で暴行や痴漢の被害にあった日本人女性が、密室でこのような過去のある領事に相談する情景を想像すると背筋が寒くなる。しかも、「外務省としては、この処分に関する当時の判断は、妥当であったと考える」と完全に開き直っているのだ。

この答弁自体が外務省文化がいかに社会通念からかけ離れているかということを如実に示している。在外公館（大使館・総領事館・政府代表部）に勤務する外務省在外職員は、不逮捕、身体の不可侵、さらに租税の免除という特権をもっている。この特権は、国家を代表するという職務の機能に対して付与されているにもかかわらず、「われわれ外務官僚は特権をもった、他の日本人とは異なる人種だ」という歪んだエリート意識に発展しやすい。このような歪んだエリート意識を育む温床となる在外公館における外務官僚の動向に対して、国民、マスコミ、政治家はもっと厳しい監視の目を向けなくてはならない。

1枚のDVDよりも軽い「人の命」

破廉恥事件では窃盗も多発している。質問主意書から明らかになったその実態の一部を紹介する。

〈問：2002年3月28日に、東京都豊島区の洋品店において、Tシャツ1枚（39

00円相当）を窃取し、警備員によって取り押さえられた外務省職員がいるか。右職員に対して処分がなされたか。行われたとするならばどのような処分か。停職ならばその期間、減給ならばその率及び期間を明らかにされたい。外務省は右処分を社会通念上妥当と考えるか。右職員は現在も外務省に在籍しているか。退職しているならば退職金は支払われたか。支払われたのならば、当該職員に対して退職金を支払ったことを外務省は社会通念上妥当と考えるか。

答：外務省の職員が御指摘の行為を行ったこと等は、事実である。当該職員に対して、停職1月の処分が行われている。当該職員は退職しており、退職金が支払われている。外務省としては、この処分等に関する当時の判断は、妥当であったと考える。〉

〈問：2002年12月30日に、東京都千代田区の電気用品店において、DVDソフト1枚（2900円相当）を窃取し、警備員によって取り押さえられた外務省職員がいるか。右職員に対して処分がなされたか。行われたとするならばどのような処分か。停職ならばその期間、減給ならばその率及び期間を明らかにされたい。外務省は右処分を社会通念上妥当と考えるか。右職員は現在も外務省に在籍しているか。退職しているならば退職金は支払われたか。支払われたのならば、当該職員に対して退職金を支払ったことを外務省は社会通念上妥当と考えるか。

答：外務省の職員が御指摘の行為を行ったこと等は、事実である。当該職員に対して、停職3月の処分が行われている。当該職員は退職しており、退職金が支払われている。外務省としては、この処分等に関する当時の判断は、妥当であったと考える。〉

〈問：2003年4月19日午後に、同僚の名前で儀典官室の鍵を借りた上で同室に入り、課金、同僚の預金通帳及び印鑑並びに決済書類等を窃取した外務省職員がいるか。右職員に対して処分がなされたか。行われたとするならばどのような処分か。停職ならばその期間、減給ならばその率及び期間を明らかにされたい。外務省は右処分を社会通念上妥当と考えるか。右職員は現在も外務省に在籍しているか。退職しているならば退職金は支払われたか。支払われたのならば、当該職員に対して退職金を支払ったことを外務省は社会通念上妥当と考えるか。

答：外務省の職員が御指摘の行為を行ったことは、事実である。当該職員に対して、停職1年の処分が行われている。当該職員は退職しており、退職金が支払われている。外務省としては、この処分等に関する当時の判断は、妥当であったと考える。〉

〈問：2003年1月に、他の外務省職員の出張旅費総額27万5644円を窃取し、また、04年1月、課金10万円、課金用預金口座のキャッシュ・カード及びこれらが入っていた金庫の鍵を窃取した外務省職員がいるか。右職員に対して処分がなされたか。行われたとするならばどのような処分か。停職ならばその期間、減給ならばその率及び期間を明らかにされたい。外務省は右処分を社会通念上妥当と考えるか。右職員は現在も外務省に在籍しているか。退職しているならば退職金は支払われたか。支払われたのならば、当該職員に対して退職金を支払ったことを外務省は社会通念上妥当と考えるか。

答：外務省の職員が御指摘の行為を行ったことは、事実である。当該職員に対して、停職10月の処分が行われている。当該職員は退職しており、退職金が支払われている。外務省としては、この処分等に関する当時の判断は、妥当であったと考える。〉

（以上いずれも「窃盗等を行った外務省職員に対する処分に関する質問主意書」、第164回国会、番号152、質問3月15日、答弁3月24日）

先の岡本治男氏以外にも1999年12月18日に、大量の飲酒をした後、自動車を運転し、清掃車に追突し、清掃作業員1人を死亡させるとともに、同乗者を負傷させた外務省在外職員がいることが明らかになっているが、この人物も外交特権を利用して刑事罰を免れ、外務省による処分は停職1ヵ月に過ぎなかった。

2900円のDVDソフト1枚を盗んだ外務省職員に対する処分が停職3ヵ月であることと比較すれば、清掃作業員一人の命の価値は2900円のDVDソフトの3分の1に等しいというのが外務省の基準なのだ。

給与面で厚遇されている外務省職員がTシャツやDVDソフトを盗むということ自体が、発覚した場合のリスクを考えると引き合わない「仕事」だ。このようなリスク計算がまともにできない人物を外交現場に出すのは危険だ。それから出張旅費を盗むというのは、公金横領であり、それだけで懲戒免職に該当すると思う。これらの「窃盗犯」はいずれも依願退職し、従って退職金が国民の税金から支払われた。「盗人に追い銭」とは外務省のためにある言葉だ。

この質問主意書では、2003年4月から2006年3月までの間に窃盗で処分された外務省職員が6名いることが明らかになった。因みに1980年から2006年2月までに痴漢、盗撮、少女買春で7件の処分がなされたが、その内、3件は2002年以降の川口─竹内時代のことである。これが外務省改革の目に見える結果だ。

「赤いTシャツ」が賞品になった閉鎖空間の外務省

さて、川口―竹内時代に35名が国家公務員法上の処分、138名が内規上の処分を受けたが、罰と賞は常に背中合わせだ。この時期に川口賞なる顕彰制度が設けられた。半年間によい仕事をした個人、外務本省の課もしくは室、在外公館を外務省員が川口賞選考委員会に推薦し、顕彰するという制度だ。賞品は川口順子氏の勝負色を反映した「赤いTシャツ」で、その上に「CHALLENGE MOFA（挑戦　外務省）」と書かれている。川口外相が賞状と「赤いTシャツ」を授与する厳粛な儀式を行う。エリートと見なされている外務官僚が「赤いTシャツが欲しい」と言って競争するのである。この実態を質問主意書が明らかにした。

〈問：外務省に川口賞という褒賞制度が設けられていたと承知するが、賞の制定は決裁書に基づき行われたものか。決裁書があるならば、その内容を明らかにされたい。

答：御指摘の川口賞は、決裁を経て創設された。その決裁書には、顕彰の名称、顕彰実施要領等が記載されている。

問：川口賞の選考委員は誰か。選考委員はどのような基準で選ばれたか。選考委員に対して報酬が支払われたか。

答：選考委員会の委員（以下「選考委員」という）は、星野晶子氏（元外務省改革に関する「変える会」委員）、田幸大輔氏（元外務省改革推進本部事務局長アドバイザー）、外務大臣秘書官、外務大臣秘書官事務取扱、外務省大臣官房総務課長及び同人事課長である。選考委員には、公平性及び透明性を確保する観点から、外務省職員でない者も選ばれた。選考委員のうち外務省職員でない者に対して、謝礼が支払われた。

問：川口賞の賞品として、英文でCHALLENGE MOFA（挑戦　外務省）との文字が記された赤いTシャツが授与されたという事実はあるか。右の赤いTシャツの作成費用は公金から支出されたか。

答：受賞者に対しては、御指摘の「赤いTシャツ」が授与された。「赤いTシャツ」は、川口順子外務大臣（当時）の私費により購入された。

問：川口賞は現在も存在するか。存在しないとするならば、その打ち切りはどのような手続きによって行われたか。打ち切りに関する決裁書は存在するか。

答：川口賞の授与については、２００４年6月後は、行われていない。川口賞の授与を行わないことについて、外務省として決定を行ったことはない。

問：川口賞の制定により外務省職員の士気は向上したと外務省は評価しているか。向上したと評価するならば、その根拠を明らかにされたい。

答：外務省としては、川口賞を創設し、外務省職員に授与したことが、外務省職員の士気の向上に寄与するものであったと考えている。〉（「赤いTシャツを賞品とする川口賞に関する質問主意書」、第164回国会、番号66、質問2月13日、答弁2月21日）

〈問：「前回答弁書」において、外務省は「川口賞を創設し、外務省職員に授与したことが、外務省職員の士気の向上に寄与するものであったと考えている」との認識を示したが、「外務省職員の士気の向上に寄与するものであった」とする客観的な根拠を示されたい。

答：事柄の性質上、御指摘の「客観的な根拠」を示すことは困難であるが、外務省としては、川口賞を創設し、功績のあった外務省職員に授与したことが、外務省職員の士気の向上に寄与するものであったと考えている。〉（「赤いTシャツを賞品とする川口賞に関する再質問主意書」、第164回国会、番号101、質問2月23日、答弁3月3日）

公務員の職務に対する評価は、昇進と人事で行えばよい。別途顕彰制度を設けるという発想自体が間違っていると思う。大人のしかもエリートと見なされている外務官僚が「赤いTシャツ」をぶら下げれば、士気が向上するという発想は外から見れば噴飯物だが、閉鎖された外務官僚の空間では十分な刺激になる。そのために外部から選考委員まで任命し、大まじめに「赤いTシャツ」の栄誉を誰に与えるかについて議論するのだ。

1945年4月末から5月初頭にかけて、ベルリンのヒトラー総統地下壕の中では、ソ連軍が600m先にまで迫っているというのに、ヒトラー側近たちはヒトラーの後継争いや叙勲競争に没頭する。ヒトラーの後継者になっても縛り首になるだけなのに、閉鎖空間の官僚にはそれが見えないのである。現在の外務官僚文化を煮詰めていくと総統地下壕につながっていくことはまず間違いない。

第2章 公金にタカる官僚たち

本稿に対する外務省の〝反論〟

前回の『月刊現代』連載「外務省『犯罪白書』1 隠蔽される不祥事」に対して外務省から反応があった。5月10日に外務省人事課の和田幸浩課長補佐から、筆者の代理人を務める大室征男弁護士に以下のファックスが送りつけられた。『現代』の発行日は毎月1日なので、それから10日も経って文句をつけてきても「風呂の中の屁」くらいの効果しかもたないが、読者に外務官僚の内在的論理を知っていただくとてもよい材料なので、まず冒頭で紹介したい。

〈「月刊現代」6月号(2006年5月1日発売予定)への寄稿については、外務省員として内容に不適切な部分がある。そのうちのいくつかを挙げれば、以下のとおりである。

1. 寄稿等の届については、締切までに十分な時間的余裕をもって提出するよう留意ありたい。〉

筆者は、起訴休職中であるが、外務公務員としての身分をもっている。したがって、外務省員として守らなくてはならない内規は遵守している。『現代』のような商業媒体に寄稿する場合は、内規の届けとともに、原稿料が発生するため国家公務員倫理法に基づく許可が必要になるのでその手続きもしている。前回連載について、筆者は4月20日に原稿を添付して届けと許可願を代理人を通じて外務省人事課へ提出した。なぜ人事課に提出するかというと、筆者の所属が人事課付になっているからだ。締切日は4月24日で、外務省内の手続きを考え、十分余裕をもって提出している。そもそも4日間かかって400字詰め原稿用紙38枚の原稿をチェックできないような官僚は、事務能力が相当劣っていると言わざるをえない。現時点で、筆者は寄稿届等を十分な時間的余裕をもって提出しているので、事実誤認に基づく外務省の要請を受け入れる必要はないと考える。

〈2．在上海総領事館の館員の死亡事案についての記述があるが、本件に関与していない外務省員が報道等に基づいて推測し、公の場で論じることは適当ではない。〉

ここで外務省が「自殺事件」ではなく「死亡事案」という言葉を使っていることに注意してほしい。中国公安当局の恫喝や脅迫によって自殺に追い込まれた同僚について、あたかも自然死のような「死亡」という言葉を用い、中国公安の国際法違反事件という性格を曖昧にする「事案」という言葉を外務省があえて用いていることからも、本件に対する外務省の基本姿勢が透けて見える。

仮に外務省で上海総領事館事件に直接関与している外務官僚が本件について真相を国民に説明し、中国の違法行為に対して毅然とした対応をとっていれば、筆者が本件について語ることもなかった。疑心暗鬼と自己保身と内部抗争に精力のほとんどを費し国民に対する説明責任の重要性を感じなくなっている外務官僚にどのような切り口で刺激を与えれば、真実を国民に明らかにするようになるかを考え、筆者は言論活動を行っているのである。したがって、本件について筆者は今後も発言し続けていきたいと考える。

外務省職員の犯罪を記す理由

〈3. 質問主意書に対する答弁書を引用し「分析」を試みているが、内閣が提出した答弁書の内容につき外務省員が「開き直っている」等とすることは、不適切である。〉

それでは内閣の作成した答弁書の内容については、北朝鮮の外務官僚のように「首領様、ありがとうございます。すべて政府のおっしゃる通りです」と感謝して承ればいいということか。それでは国民の知る権利に応えないし、『現代』の読者にとっても面白くない。

酩酊した上で自動車を運転し、人を殺した外務官僚に対する懲戒処分が停職１ヵ月、しかもその人物が日本国家を代表する現職の特命全権大使（岡本治男ドミニカ大使）であることや、配偶者への暴力（ＤＶ）で外国（カナダ）官憲によって逮捕状が出され、司法手続きに服した人物に対する懲戒処分が10％の減給３ヵ月の処分で、これも現職大使（下荒地修二パナマ大使）であり、これらの処分や人事について、外務省がいずれも「判断は、妥当であったと考える」と述べていることを、筆者は開き直りと考える。また、女性のスカート内を盗撮し、現行犯逮捕され、略式とはいえ刑事裁判で有罪が確定した外務官僚や痴漢常習者が、いずれも減給や停職という軽い処分で、現在も外務省で勤務を続けていることについて、外務省が「妥当である」との認識を表明したことも筆者は開き直りと考える。外務省が言う不適切という評価は受け入れられない。

〈4．職員に対する処分等については、外務省として質問主意書に対する答弁書で答えているとおりであり、職員の人事や処分に関与していない職員が、報道等に基づいて推測したり、特定の個人名を挙げたりして、公の場で論じることは適当ではない。〉

前回連載で述べたが、過去4〜5年間に外務省では「能力低下が急速に進んだため、もはや外務官僚は自らの姿が見えなくなり始めているのである。このような状況で外務省改革の安直な処方箋を書いても意味がない。／まず外務官僚の真実の姿を国民の前に明らかにし、『われわれはこんな国に住んでいるんだ』という認識を国民の間で共有することが、逆説的だが実効的な外務省改革、日本外交の立て直しに貢献すると思う」（前号より）と筆者はレトリックではなく、本気で考えている。今回の外務省からのコメントを見て、外務省文化が社会通念から著しく乖離していることを再認識した。

筆者自身が外務省絡みの背任・偽計業務妨害容疑で逮捕、起訴され、犯罪者と指弾されている。したがって、犯罪者の気持ちについては、外務省人事課の諸氏よりは皮膚感覚でよくわかっているつもりだ。

筆者が外務省職員による犯罪について述べるのは、特定の個人の信用失墜を図っているからではない。どのような組織にも不祥事はある。しかし不祥事への対応で、外務省の組織文化、すなわち外交特権に安住した惰性から信賞必罰の人事が行われず、キャリア職員の庇い合いによる外務省の澱《よど》んだ空気や、さらに猥褻事件や窃盗が多発する背景にある職務の重圧とそれに対する外務省組織の無策が浮かび上がってくる。だから、このような事例についてあえて取り上げているのだ。ちなみに外務省人事課が職員の人権や個人情報に配慮するなどということを小指の先程も考えていないことは筆者自身がよく知っている。具体例をあげよう。

誰かが指摘しないかぎり、過ちは必ず繰り返される

4年前、鈴木宗男疑惑に関連し、外務省人事課に求められて筆者が賃借する住宅の契約書の写しを提出した。その際、筆者は流出した場合にそれとわかるようにコピーのとり方にちょっとした工夫をしておいた。筆者が書類を提出した2日後にはそのコピーがマスコミに出回っていた。

また人事課が作成した「外務省職員略歴」という一般の外務省職員が閲覧できない冊子の筆者の履歴に関する部分が民主党の有力議員事務所に提供されたという情報を、信頼する報道関係者から提供された。それを基に作成された怪文書を筆者自身が

見たことがある。この情報について、筆者は親しくする民主党の衆議院議員に事実関係を確認してもらい、「確かに民主党有力議員の事務所がそのような怪文書を作成した。外務省はもはやあなたを守ろうとしていないのではないか」と言われたことを鮮明に記憶している。

だから逆に、いまの状況で外務省人事課が個人情報の保護を声高に叫ぶのは、それを口実にすることが組織悪を隠蔽するのに好都合と考えているだけのことだ。そのような状況であるからこそ、実名や具体的事実を含め、国民にいま外務省で何が起きているかを見えるようにすることが、外務省職員としての最後のご奉公と筆者は考えている。

〈5．既に伝達しているとおり、当時の分析第二課の課員の具体名を記述している部分があるが、個々の部署に所属する職員の氏名については、当該職員の等級によっては明らかにしていない場合があるところ、この点につき十分留意ありたい。〉

前回連載で、中国残留日本人孤児二世の男性、原博文氏をエージェント（協力者）として運用し、外務省国際情報局（現在は国際情報統括官組織）分析第二課が組織ぐるみでヒュミント（人的インテリジェンス工作）を行い、日本政府・外務省にとっては有益な情報がもたらされたが、工作の無理と乱暴さがたたって１９９６年に原氏は逮捕され、中国で刑事訴追、７年間も北京の刑務所に収監され筆舌に尽くしがたい苦労をしたことについて記した。03年に原氏が刑務所から釈放され、帰国しても、外務省は誠実に対応しなかった。インテリジェンスに関する体制の整備と能力の向上が、日本国家にとって急務になっている。

ヒュミントにおいてエージェントの保護は命であり掟である。これを守れない組織にインテリジェンスについて語る資格はない。今回の対中ヒュミント工作の失敗について、事実関係を明らかにし、きちんと検証しないと、外務省は過ちを繰り返して原氏のような犠牲者を再び生み出し、また中国に付け込まれる隙を与えることになる。結果として日本の国益を毀損する。

エージェントに暴言を吐いた首席事務官の実名

本件工作の失敗については、属人的要素が大きい。担当官が自らが行った工作に対する責任をきちんと自覚し、現在、国際情報統括官組織でヒュミントに従事している外務省職員に対して、「エージェントを大切にし、インテリジェンスの掟を守らないとのようなことになるか」ということを皮膚感覚で理解してもらうために、本件工作の担当責任者であった当時の石塚英樹課長補佐（総務班長、現在パキスタン日本大使館参事官）と佐藤利行課長補佐（総務班長、02年に児童買春で懲戒免職）の実名を出した。北京で原博文氏を担当した書記官クラスの外務官僚の実名も筆者は把握しているが、あえて出していない。

石塚氏、佐藤氏については、課長補佐級であり、情報公開においても氏名が伏せられない範囲に組み入れられると認識している。今回人事課からいただいた「個々の部署に所属する職員の氏名については、当該職員の等級によっては明らかにしていない場合があるところ、この点につき十分留意ありたい」というコメントを尊重し、本件ヒュミント工作において最も高い等級にいた外務官僚の実名をあげておく。

前回連載で記した、原氏に「もう過ぎたことだから、担当者はみんな異動した。生活に困っているなら、地元の市役所に行って生活保護を受けたらどうか」という暴言を吐いたその人物は、佐藤利行氏からヒュミント業務を引き継いだ当時の沼田幹男首席事務官（現在香港日本総領事館次席領事）だ。香港総領事館は領事館ながら大使館級の扱いがなされている花形ポストである。

〈6．以前の寄稿において「川口順子外務大臣名の処分説明書」を引用したかの記述があったが、当該処分説明書を閲覧又は入手した経緯につき説明を求めているが、回答ありたい。〉

文筆に従事する者として、情報源の秘匿は命であり掟である。したがって、筆者が「川口順子外務大臣名の処分説明書」の内容をいつ、どのような経緯で正確に把握したかは言わない。ただし、この情報源は、外務省人事課が期待しているであろう鈴木宗男衆議院議員ではない。胸に手をあててよく考えてみれば、人事課幹部にはどこからこれらの情報が筆者に流れたかわかるはずだ。

〈また、本件寄稿において、鈴木宗男衆議院議員が「外務省に対して配達証明郵便で、国家公務員法に基づき処分された外務省職員の処分通知書の写しを請求し、外務省から提供された資料によって、…氏であることと停職期間がわずか1か月であることを確認した。」との記述があるが、このことを知るに及んだ経緯につき説明ありたい。〉

外務省からのせっかくのお尋ねであるが、前項でも述べたように情報源の秘匿は文筆業界の命であり掟なので、ご意向に沿うことはできない。国民の知る権利、『現代』の読者からすれば、重要なのは筆者の述べていることが事実かどうかだ。閣議了解を得た答弁書の分析によってドミニカ大使の岡本治男氏が「人殺し」の過去をもつという事実が明らかになった。筆者が事実でないことを書き、それで外務省職員の名誉を侵害したり、侮辱することがあったならば、人事課が筆者に情報源について尋ねる道理もあろうが、筆者が事実を明らかにしたにもかかわらず、外務省はなぜ情報源について関心をもつのだろうか。理解に苦しむ。

これで外務省からの照会に筆者はすべて答えた。この論文の発表をもって、外務省に対する筆者からの正式の回答としたい。

外務省幹部へ　公の場で徹底的に議論しようではないか

ちなみに和田幸浩氏のような生真面目な中堅キャリア職員を「外務省のラスプーチン」と揶揄された凶暴な輩との交渉の矢面に立たせ、背後で「佐藤優を徹底的に叩き潰せ」とネジを巻いている外務省幹部は卑怯だ。「壁に耳あり、障子に目あり」で、外務省幹部の動静や発言については筆者のところにもよく聞こえてくる。

外務省の塩尻孝二郎官房長！

同じく片上慶一人事課長！

時はすでに満ちた。筆者と刺し違えようではないか。筆者は02年5月14日に逮捕され、現在も刑事裁判の被告人となっているが、実は逮捕後、外務省から国家公務員法に基づく処分を一度も受けていない。休職も処分ではなく、起訴されたので自動的にそうなったに過ぎない。

「鬼の東京地検特捜部」に逮捕された刑事被告人に対して処分もせずに野放しにしているようでは、外務省の沽券にかかわるではないか。一般論として、処分が行われる前には対象者から十分な聴聞が行われなくてはならない。筆者は喜んで聴聞に応じる。ただし、4年前の鈴木宗男疑惑関連で外務省が筆者に対して行った聴聞とその後の情報リーク、また筆者が逮捕される過程において人事課の大菅岳史首席事務官（現危機管理調査室長）が、「すでに出国し日本にいない東郷和彦元オランダ大使も東京地検の事情聴取に応じているので、貴兄も東京地検に自発的に出頭しろ」と嘘の情報を流してきた経緯等から、筆者は外務省人事当局とは、密室での取り引きはもとより、公開性が担保されていない場での接触も絶対にしない。

筆者に言論活動を行う場を提供しているマスコミ、具体的には、『月刊現代』、『世界』、『文藝春秋』、『新潮45』、『月刊日本』、『情況』、『小説新潮』、『文學界』、『en－taxi』、『月刊BOSS』、『SAPIO』、『週刊文春』、『週刊新潮』、『週刊ポスト』、『週刊現代』、『週刊プレイボーイ』、『週刊金曜日』、『週刊アサヒ芸能』、『実話GONナックルズ』などの編集部に立ち会いを呼びかける。その席で、筆者が知る外務省の宿痾《しゅくあ》についてこれまで述べていなかったことを、外務官僚の実名をあげ、具体的に披露したいと考えている。特に西田恒夫外務審議官、塩尻官房長、上月豊久《こうづきとよひさ》官房総務課長については、鈴木宗男衆議院議員とご縁の浅からぬ方々なので、この機会に私が知る真実を明らかにしたいと考えている。塩尻官房長、片上人事課長におかれては、是非、前向きに検討願いたい。

外務省職員「預金残高7000万円」はザラ

4年前の夏はとても暑かった。当初、筆者は冷暖房のない東京拘置所新北舎3階の独房に収監されていた。6月末になると房内の室温が30度を超え、湿度も高く、生活環境が急激に劣化する。そのような中で、筆者の外務省報償費（機密費）の使用状況や、筆者が三井物産から賄賂を受け取っている可能性について徹底的な取り調べが行われた。そのときとても印象に残るやりとりがあった。

検事「あなたが機密費を横領したり、三井物産から賄賂をもらったりしていることはないと僕は見ている。僕は脱税の専門家なんだけど、君の銀行口座の数字を見ていても蓄財傾向が見られないんだ。そうかといって浪費癖があるわけでもない。個人資産を相当仕事に使っている。貯金だって８００万円しかない」

筆者「大きなお世話だ。８００万円だって大きなカネだ。外務省の給料でも飢え死にすることはない」

検事「外務省の人たちは金持ちだよ（筆者の共犯として逮捕された外務省キャリア職員の）Ａの預金通帳を見て最初、僕らは驚いたんだ。残高が７０００万円もある」

筆者「７０００万円だって！」

検事「そうだ。だからＡが三井物産からカネをもらっているんじゃないかと思って調べたんだ。しかし、出てこない。Ａは外務省で共働きなんで、10年でこれくらい蓄財できたんだ。他の外務省の連中も同じくらいカネをもっている。それだから外務省の人たちの常識が世間一般と異なっているんだと納得したよ」

　Ａ氏は決してカネに汚いわけではなく、北方四島工作や新聞記者との会食では、自腹を切ってでも仕事をするタイプの人物だった。この話を聞くまで、筆者は外務官僚がそれほどの蓄財をしているとは夢にも思っていなかったのである。

筆者は1987年8月から95年3月まで、7年8ヵ月間モスクワに勤務した。赴任時に、300万円程度の借金を抱えていたが（当時、ロシア語研修生はイギリスの陸軍学校でロシア語を研修していたが、学費・将校宿舎の費用が1週間で9万円強だったので、自己資産をもっていない限り、この研修で300万円程度の借金をせざるを得なかった）、離任時に預金は1500万円程度になった。合計で1800万円程度を蓄財したことになる。帰国後は、筆者が東京で生活し妻は京都で大学院に通う二重生活で出費がかさんだことと、離婚による財産分与があったので預金は800万円に目減りしてしまったが、公務員としては経済的に恵まれていたと考えている。モスクワでは、ロシア人とそれこそ毎日のようにレストランで飲食した。その経費の相当部分は外務省が在外職員に支払う在勤基本手当から出した。

筆者のモスクワでのカネの使い方については、5月31日に上梓した拙著『自壊する帝国』（新潮社）を手にとっていただければ、理解していただけると思う。それでも年平均200万円は貯蓄できたことになる。仮に筆者が情報収集を行わず、在勤基本手当を貯め込んでいたら、恐らく4000万円の蓄財ができたと思う。外国で勤務する外務官僚が受給する在勤基本手当等の「おいしい経費」については、後で説明する。

非課税・精算必要ナシ＝「在勤手当」のおいしい仕組み

２０００年前後、筆者の後輩が渋谷区で６０００万円程度のマンションを買った。その後輩も外務省で共働きをしていた。ある日、後輩が筆者にこう言った。

「税務署員が訪ねてきて、あなたがこれまでに得た給与総額を超えるマンションを一括払いで買われましたが、給与以外に収入がありますかとしつこいんですよ。外務省の在勤手当を貯めて買ったと正直に言ったのですけれど、税務署員は『在勤手当は経費で、貯蓄に充てるカネではありません。別の説明を考えてください』と言われました」

後輩がどのような「別の説明」を考え出したかについて、筆者は問い質さなかったが、獄中でこの後輩の言葉を何度も思い出した。この後輩も決してカネに汚い人物ではなく、身銭を切ってでも仕事をするというモラルをもっていた。それでもこれくらいカネが貯まるのだ。

紙幅の関係もあるが、すでに『現代』06年1月号で阿部崇氏が論文（「外務官僚『蓄財と豪遊』の仕組み」）で外務官僚の特権を実証的に明らかにしているので、本稿では屋上屋を架すことは避け、筆者自身の体験談にも触れながら、前回同様に鈴木宗男衆議院議員（新党大地代表）の質問主意書を分析してみたい。外務省の在外公館（大使館、総領事館、日本政府代表部）に勤務する外務官僚は、本給とは別に在勤手当を受給する。在勤手当には、在勤基本手当、配偶者手当、住居手当、子女教育手当などがある。ここでは蓄財の原資となる在勤基本手当に焦点を絞りたい。このカネは、完全な「摑み金」で、外務省の在外職員全員に給付される。課税を免れ、経費であるが精算手続きは一切ない。仕事をしなければしないほどカネが貯まる仕組みになっている。

〈問：外務省在外職員の在勤基本手当の定義如何。
答：在外職員の在勤基本手当は、在外職員が在外公館において勤務するのに必要な衣食等の経費に充当するために支給するものである。〉

ちなみに配偶者を同伴すると在勤基本手当に2割が加算される。配偶者手当も非課税で、しかも精算手続きのない「摑み金」だ。要するに外務省の在外職員全員が、高級レストランでの飲み食いや高級スーツやタキシード、さらに乗用車を購入するため、支出先を一切明らかにしないでよい「機密費」をもっているということだ。

給料とは別に一人あたり800万円超を支給！

〈問：在勤基本手当の算出基準如何。

答：各在外公館における在勤基本手当の額は、在外公館の名称及び位置並びに在外公館に勤務する外務公務員の給与に関する法律（昭和27〔1952〕年法律第93号）等において、それぞれの在外公館の所在地における物価、為替相場等並びに主要国の外交官及び民間企業の職員の給与水準等を総合的に勘案して定められている。なお、同法は、制定以来、昭和43（1968）年を除き、毎年改正されているところである。〉

この在勤基本手当の額について答申するのが中立を建前とする外務人事審議会であるが、阿部崇氏の論文で明らかになったように、この機関は外務省の事務次官経験者を含む、外務官僚に対して「理解の深い」有識者たちによって構成された機関で、外務官僚が準備したデータを基礎に答申を行っている。要するにお手盛り予算なのである。この出鱈目ぶりについてはモスクワを例にとって後で具体的に説明する。

〈問：平成17（2005）年9月1日現在の在勤基本手当の受給者の人数如何。
答：平成17年9月1日現在の在勤基本手当の受給者数は、3001人である。
問：平成17年度における外務省在外職員全体の在勤基本手当の予算計上額如何。
答：平成17年度における在外職員全体の在勤基本手当の予算の額は、147億3505万1000円である。〉（以上いずれも「外務省在外職員の在勤基本手当に関する質問主意書」、第163回国会衆議院質問番号46、質問提出年月日2005年10月31日、答弁書受領年月日同年11月4日）

この数字から、外務省在外職員が一人平均年491万円の「摑み金」を得ていることがわかる。鈴木宗男氏の質問主意書から、住居手当については一人平均年290万円、在勤手当全体では一人平均年807万円であることが明らかになった。この金額はあくまでも平均で、実際は幹部に有利な傾斜配分になっている。モスクワの実例を見てみたい。

〈問：「在外公館に勤務する外務公務員の在勤基本手当の額並びに住居手当に係る控除額及び限度額を定める政令」の別表第一によれば、在ロシア連邦日本国大使館員（以下、「館員」という）の在勤基本手当は、

大使	86万円
公使	69万円
特号	65万7000円
1号	62万6500円
2号	60万2400円
3号	52万7600円
4号	45万5100円
5号	40万2400円
6号	35万4100円
7号	32万5500円
8号	30万1300円
9号	27万7200円

となっているが、平成18（2006）年3月1日現在、それぞれの区分に該当する

「館員」数を明らかにされたい。

配偶者を同伴する外務省在外職員に関しては配偶者手当として在勤基本手当に20パーセントが加算されていると承知するが、平成18年3月1日現在、配偶者手当を受給しているそれぞれの区分に該当する「館員」数を明らかにされたい。

答：お尋ねについては、他の情報と照合することにより、個人が受給している御指摘の手当の額が明らかになるおそれがあるので、外務省として答弁を差し控えたい。〉

たとえば、在モスクワ日本大使館の次席公使は秋元義孝氏、政務担当公使は倉井高志氏である。公使の年齢は50歳前後だ。公使の在勤基本手当は69万円だが、夫人を同伴すれば月に13万8０００円が加算される。年額で９９３万６０００円、３年勤務すれば２９８０万８０００円になる。繰り返すが、本給とは別の、非課税で精算の必要のない「摑み金」なのだ。これとは別に公使の住居手当限度額は月９９１７米ドル、1米ドルを１１０円で換算しても月約１０９万円になる。このカネも非課税だ。それではモスクワの物価はどれくらいなのだろうか。東京よりもはるかに生活必要経費のかかる都市なのだろうか。

〈問：直近のロシア政府統計で、最低生活必要経費はいくらになっているか。それは邦貨換算でいくらか。

答：ロシア連邦政府の公表している統計によれば、２００４年第４四半期の一人当たりの最低生活費は、月額２４５１ルーブルである。これを国際通貨基金の国際財政統計に基づく同四半期の平均レートを使用して円に換算すると、約９０９８円である。

問：平成18年3月17日付答弁書内閣衆質１６４第１２９号によれば、２００４年におけるロシアの一人当たりの国民総所得は月額約３万７２６円であるが、かかる経済水準の任国において右の在勤基本手当が設定されている積算根拠を具体的に明らかにされたい。

任国の物価水準、社会通念に照らして右の在勤基本手当を外務省は妥当と考えるか。

答：在ロシア大使館に勤務する在外職員の在勤基本手当の支給額については、在外公館の名称及び位置並びに在外公館に勤務する外務公務員の給与に関する法律（昭和27［１９５２］年法律第93号。以下「名称位置給与法」という）に基づき、予算の範囲内で、モスクワの物価、為替相場等並びに主要国の外交官及び民間企業の職員の給与

水準等を総合的に勘案して定められており、外務省として妥当な額と考えている。〉

在ロシア日本大使館の組織犯罪「ルーブル委員会」

ロシアは主要国（G8）サミットの一員で、先進国だ。確かにモスクワの物価はロシアの地方都市と較べ高いが、ロシアの国会議員、大学教授、高級官僚のエリート層でも月15万円程度の給与で、85平方メートル程度の3LDK住宅に住み、優雅な生活をしている。外国人価格があるとしても月109万円の住居手当というのは論外である。ちなみに派遣員という補助業務のために日本から大使館に派遣される若手職員（大学生が多い）ですら3173米ドル（約34万9000円）が住宅手当の限度額だ。ロシア人一人あたりの平均所得が3万円、最低生活費が1万円に満たない国家で、日本の外務官僚がこれだけの高給を必要とする積算根拠を外務省はまったく明らかにしていない。明らかにできるはずがない。このような積算を可能とする根拠はモスクワ中を探し回っても存在しないからだ。この水準を妥当と考える日本人は、この制度により利益を受ける者だけと思う。

ここで言及した派遣員とは、外務省の関連団体「社団法人国際交流サービス協会

（IHCSA《イークサ》）」が募集する派遣職員で、大学生がほとんどだ。ロシアや旧ソ連諸国の場合、報酬が手取りで月額40万円程度なので、学生バイトとしては破格である。しかし、仕事の内容は大使館に日本からやってくる国会議員や高級官僚のお世話、中でも、外交官が嫌がる汚れ仕事が多く、いかがわしい風俗店などへの案内は派遣員に押しつけるのが外務省の文化だ。

〈問：「館員」の在勤基本手当は所得であり、そこから「館員」は業務に必要な経費を捻出していると解してよいか。それとも在勤基本手当は業務遂行に必要な経費であり、所得ではないと解するべきか。
「館員」の在勤基本手当が経費ならば、国民の税金を使用する以上、精算がなされるのが当然で、剰余金が発生した場合、返納すべきと考えるが、外務省の見解如何。
答：在勤基本手当は、名称位置給与法に基づき、在外職員が在外公館において勤務するのに必要な経費に充当するために支給される給与であり、「剰余金が発生した場合、返納すべき」ものではない。〉（以上、「在ロシア連邦日本国大使館員の在勤基本手当に関する質問主意書」、第164回国会、番号184、質問2006年3月27日、答弁4月4日）

現時点で、外務官僚が海外勤務で支給される「摑み金」は「剰余金が発生した場合、返納すべきものではない」という政府のお墨付きが与えられているので、外務官僚は「合法的」蓄財が可能なのだ。しかし、このような特権で感覚が麻痺した外務官僚は、外交特権を悪用した不正蓄財に走る。ソ連時代にモスクワの日本大使館が組織ぐるみで行っていた現地通貨ルーブルを用いた不正蓄財互助組織「ルーブル委員会」がその一例だ。

〈問：旧ソ連時代、1989年頃まで、在モスクワ日本国大使館員（以下、大使館員という）が私用車を売却する場合に、大使館内の許可を得るという内規が設けられていたか。

大使館員が私用車を売却して得たルーブル現金を1986年頃までは大使館の第三席であった総括担当参事官が執務室内の金庫もしくは鍵のかかるキャビネットに保管し、大使館員の必要に応じて売却していたという事実はあるか。このメカニズムが「ルーブル委員会」と呼ばれていたという事実はあるか。

1987年頃からは大使館員が私用車を売却して得たルーブル現金を総務担当書記

官が執務室内の鍵のかかるキャビネットに保管し、大使館員の必要に応じて売却していたという事実はあるか。

ルーブルに対する対価は、ストックホルムの商業銀行に設けられた大使館員の口座を通じ、スウェーデン・クローネで支払われていたという事実はあるか。このために「館内トランスファー用紙」というA５版《ママ》の特別の用紙が作られたという事実はあるか。大使館員が個人的に用いるルーブルは、特命全権大使を含め、この「ルーブル委員会」を通じて調達されていたという事実はあるか。

「ルーブル委員会」を通じて売却されるルーブルは市価の概ね半額から三分の一の「闇レート」であったという事実はあるか。「ルーブル委員会」が「闇レート」でルーブルを販売することが任国の法令に違反するため、この組織の存在については厳重な箝口令が敷かれていたという事実はあるか。

「ルーブル委員会」を用い私用車を売却することにより、購入時以上の外貨収入を得、蓄財した大使館員がいたという事実はあるか。

答：外務省において、「ルーブル委員会」なる組織が在モスクワ日本国大使館において設けられていたことを含め、お尋ねの事実は確認されていない。〉（「在モスクワ日本国大使館における裏金問題に関する再質問主意書」、第１６３回国会、番号27、質問

(2005年10月24日、答弁11月1日)

国益を毀損している外務官僚と刺し違える覚悟で書く

外務省が「お尋ねの事実は存在しない」ではなく「確認されていない」と答弁したことはある意味で賢明だ。後で虚偽答弁と追及される危険から逃れることができるからだ。「ルーブル委員会」という裏金組織は確かに存在した。鈴木宗男氏の質問に記された内容はおおむね事実だ。なぜなら筆者もこの委員会からルーブルを購入し裨益《ひえき》したただけでなく、ある時期、上司からこの業務を担当するようにとの指示を受け、担当者から詳細な引き継ぎを受けたからだ。しかし、筆者があまりに嫌な顔をしたせいか、筆者がこの「汚れ仕事」を担当したのは2日間だけで、再び前任者に戻った。その後、「ルーブル委員会」の業務を筆者の後輩が担当したが、「汚れ仕事」に嫌気がさして外務省を退職した。筆者自身はこの制度を用いて私用車を売却しなかったが、それは筆者が「クリーン」だったからではなく、モスクワ在勤期間が長すぎたので、その間にルーブルの公定レートと闇レートの差がなくなり、旨みがなくなった「ルーブル委員会」が解体してしまったからだ。しかし、筆者自身、闇ルーブルの購入で経済的に裨益したのは紛れもない事実だ。このことについては、外交特権で感覚が麻痺してしまったことを深く反省している。

ここで筆者は「ルーブル委員会」の詳細についてあえて記さない。これは勿体ぶっているからではなく、ここで真実を語っても、外務省関係者が口裏合わせをして、真実を隠蔽する可能性が高いからだ。国会が筆者を参考人招致するならば、その場で具体的事実、外務官僚の実名を含め、筆者の記憶に基づく真実をすべて語りたいと考えている。筆者は「死に場所」を求めている。国会の場で、日本外交を八方塞がりに追い込み、国益を毀損している一部の外務官僚と文字通り刺し違えたいと考えている。

外務官僚は自らの悪行が国民に知れるのを防ぐために種々のマスコミ工作を行っているが、次章ではその点について筆者自身が関与した事案について触れ、外務官僚が自己保身のために行っている謀略と外交政策における虚偽説明について記したい。

第3章 対マスコミ謀略工作

他国に毅然たる対応がとれない理由

２００６年6月13日、東京都港区赤坂で、韓国大使館の一等書記官（男性、58歳）が飲酒運転でバイクと接触し、日本人会社員（男性、34歳）を負傷させたにもかかわらず、現場から逃亡していたことが発覚した。負傷した会社員が「約2時間後、偶然、事故相手の乗用車が走っているのを発見。（赤坂）署員が追跡し、運転していた人物に酒のにおいがしたため、飲酒検知しようとした。しかし、外交官の身分証を示したため、検知や事情聴取ができなかったという」（6月16日付読売新聞夕刊）。

読者はこのニュースに接してどのように思われるであろうか。外交官であれ、「ひき逃げ」をしてもよいという道理はない。筆者は、日本政府が韓国政府に対して毅然たる態度をとるべきと考える。まず、この韓国外交官に関する外交特権を放棄させ、日本の司法手続きに服するよう外交ルートで申し入れる。韓国政府が申し入れを受け入れないならば、この外交官を国外退去にする。

外交特権は国家に対して付与されているのであり、外交官個人の違法行為を保護するために存在するのではない。しかし、日本政府はこのような毅然たる対応をとれない。なぜならば、連載第1回（第1章「隠蔽される不祥事」）で明らかにしたように、飲酒の上、他人を死傷させても、逃げ切り、官僚組織内での栄達をとげ、特命全権大使になることもできるというのが日本国外務省の文化だからだ。外務官僚を叩けばいくらでもホコリが出てくるので、他国に対して毅然たる対応がとれないのだ。日本の外務官僚のツケが回り、泣き寝入りせざるを得なくなるのが赤坂で今回事故に遭遇した普通の日本人である。こういう国にわれわれは住んでいるのだ。

底なし沼の底なき底まで、共に沈もう

さて、「覚悟とは、最大限をもって行う」というのが筆者の信念である。前回連載（第2章「公金にタカる官僚たち」）で、「筆者は『死に場所』を求めている」と書いたが、これはレトリックではなく本心だ。現役外交官として勤務しているとき、モスクワやビリニュス（リトアニア共和国の首都）で文字通り命の危険を感じたこともある。それも一回や二回ではない。あのとき命を落としていたと思えば、何も恐いものはない。

どうも外務省幹部に対して、筆者の覚悟が正確に伝わっていないようである。あるいは「覚悟」の定義が異なるのかもしれないので、ここで筆者が何を考えているのかを読者に正確にお伝えしたい。ここに底なし沼があるとする。溺れた筆者が岸にいる

誰かの足を引っ張って、自分は陸に上がり、他の者を沼に沈めようといった類の戦術では迫力が出ない。筆者は底なし沼に沈む。しかし、底なし沼のヘドロの中から手を伸ばし、現在、岸にいて明らかに国益を毀損していると思われる能力と品性がともに劣る外務官僚に抱きついて、一緒に底なし沼の底なき底まで沈んでもらうことにする。何も命までもっていくことは考えていないので、外務官僚におかれては、枕を高くして寝ておられればよい。筆者が枕を蹴飛ばしてやる。

『月刊現代』編集部から、「外務省の実態についてもっと知りたいという声が読者から多数寄せられている。当初の連載3回の予定を延ばすことができないか」という打診があったので、「よろこんで」とお引き受けした。したがって本稿が連載の最終回にはならない。今号では筆者に対して執拗に加えられる圧力から読み取ることのできる、外務省が「嫌がる事柄」の披露と分析、さらに前号で予告した外務省のマスコミ工作について記す。

さて前回連載に関して、読者にはお馴染みの和田幸浩外務省人事課課長補佐から筆者の代理人（大室征男弁護士）に5月25日に以下の文面のファックスが送られてきた。

〈「月刊現代」7月号（2006年6月1日発売予定）への寄稿については、以下の伝達事項がある。

1．寄稿等の届については、締切までに十分な時間的余裕をもって提出するよう留意ありたい。

2．外務省員として内容に不適切な部分がある。

3．発表行為により国民全体の奉仕者たる公務員、外務省員としての品位、名誉を傷つけることのないよう、十分配慮ありたい。〉

筆者は発表行為によって、真実を国民に伝えることで、外務省の名誉回復を狙っているのだ。腐敗、無能官僚の品位、名誉についても十分配慮している。

今回の人事課のコメントを尊重して、筆者自身が目撃した外務省某課長の銀座のクラブにおける「幼児プレー」、あるいは赤坂や向島の料亭で、外務省幹部・中堅幹部が行った裸踊りや芸者遊びの実態とその費用のつけをどこに回したか、あるいはモスクワを日本政府の特別ミッションの代表として訪れた大使級の幹部がメトロポール・ホテルで、「部屋にモスクワ大学の女子学生を呼びたい」と言って、その後、どのような行動をとったかなどについては暴露しないことにする。もっとも国会に呼ばれ、質問を受けるならば記憶に基づきすべてを語ろうと考えている。外務省幹部におかれては、筆者の真意を正確に理解されるように望む。

それにしても今回の外務省の対応はフニャフニャだ。第1回連載に対して、具体的に文句をつけたら、前号で逐一反論され、外務官僚に不利な状況が生じたので、今回は形だけクレームをつけることにしたのであろう。「外務省員として内容に不適切な部分がある」といっても具体的箇所を指摘しないクレームでは対応のしようがない。佐藤優などというチンピラ中堅官僚でしかも刑事被告人という弱い立場の者に対してこのような腰の引けた対応をとっているようでは、少なくとも筆者よりは恐ろしい北朝鮮、中国、ロシア、イランなどとの外交が現下外務官僚に毅然とできるか、読者も不安になってくることと思う。

塩尻孝二郎官房長！

片上慶一人事課長！

前回連載でも述べたが、そろそろ決着をつけようではないか。生真面目で職務命令に抗することのできない中堅キャリア官僚である和田幸浩課長補佐を盾にせず、正々堂々と国会にでもマスコミの前にでも筆者を呼び出せ。一緒に外務省という底なし沼の底なき底まで沈もうではないか。

外務省内「腐敗分子」＝幹部30名の徹底的な除去を

さて、2年半前、2003年10月8日に小菅の東京拘置所から保釈になった後、筆者は戦前の右翼思想家・大川周明の著作を集中的に研究した。大川は、改革を考える者は、自らが権力をとることを考えてはならないと戒める。権力欲にとらわれると眼が曇り、真の国家悪を除去できなくなるからである。第一段階の改革者は、悪の要となる者の除去にのみ自己の活動を限定すべきで、その後の建設は、自ずから生まれてくる第二段階の改革者に委ねるべきであるとする。日本国民の中にある英知と創造力に大川は全面的信頼を置いている。大川の改革の処方箋は、現在も有効性をもつと筆者は考える。

ただし、筆者と大川の間には大きな違いがある。大川は個人テロによって、悪の要となる者の除去を考えた。しかし、筆者はいかなる形態のテロにも反対する。なぜなら、テロを行ってもテロの対象となった人物に不必要な同情が集まり、改革という目的に資さないからだ。むしろ悪の要となる者の「素顔」をマスコミを通じて国民の前に明らかにし、その後そのような人物にどう対処するかについては国民の英知に委ねればよいと考える。したがって、筆者の言論活動も事実の紹介とそれに対する筆者の分析と見解の披瀝《ひれき》にとどめ、断罪につながるような発言は差し控える。「こういうことがあるが、読者のみなさん、これでいいと思いますか」と問題提起をするにとどめる。

筆者の言論活動で俎上《そじょう》に載せられ、苦しい思いをする外務官僚にも家族がいることを考えるとやりきれない思いになるが、ここは大川周明に学び、徹底的に乾いた姿勢で対処することにする。

日本外務省には、有能で士気の高い人材も多い。そもそも外交官の職業文化が、自己の栄達よりも国益のために働くことに生き甲斐を見出すという、利他的、滅私奉公的性格をもっている。ただ、現外務省には嫉妬深く、権謀術策好きで、自己の栄達と蓄財にしか関心をもたない幹部・中堅幹部がいる。その数はわずか20～30名に過ぎない。これらの腐敗分子さえ除去されれば、外務省の内側から自浄能力が発揮される。曲がった物を真っ直ぐにするという言葉の本来の意味での「糾弾《きゅうだん》」だ。この種の腐敗分子は、能力があまりに低いので、自己の能力の低さを認識できないという悲惨な状況にある。

4年前の田中真紀子外相、鈴木宗男衆議院議員を放逐する過程での論功行賞、さらに川口順子外相―竹内行夫事務次官時代の不作為と疑心暗鬼の中で、本来は淘汰されるべき人物が能力以上のポストに就いているから日本外交は「八方塞がり」になったのだ。在瀋陽総領事館での北朝鮮人亡命事件、在上海総領事館員（電信官）自殺事件、沖縄密約問題に関する虚偽答弁、北朝鮮による拉致問題解決に向けた交渉の停滞、北方領土交渉の行き詰まりなどは、川口─竹内コンビの時代に起きている。仮に当時、町村信孝外相もしくは麻生太郎外相─谷内《やち》正太郎事務次官という体制だったならば、このような為体《ていたらく》外交にはならなかったと思う。糾弾さえきちんと行われれば、その後、外務省の内側から改革がなされ、外交能力が急速に改善されるようになると筆者は楽観している。

外務省が「必ず削除せよ」と命じてきた箇所

ところで、外務省は筆者の動向についていろいろ探りを入れているようだが、筆者の外務官僚に対する思考・行動様式を知るためには、1932年の5・15事件の前後に活躍した大川周明、井上日召《にっしょう》、天野辰夫などの国家主義者のテキストに当たられれば、大筋で間違えることはなかろうと思う。外務省は大川周明を始めとする国家主義者が嫌いなようだ。6月、筆者は『日米開戦の真実　大川周明著「米英東亜侵略史」を読み解く』を小学館から上梓したが、これに対して外務省が削除要求を行ってきた。5月16日に和田幸浩氏から筆者の代理人に以下のファックスが送られてきた。

〈いつもお世話になっております。

「日米開戦の真実　大川周明著『米英東亜侵略史』を読み解く」につきまして、省内の手続中であり、締切を待っていただきたいと考えますが、現時点で別添のコメント（「密約」部分は必ず削除）を取り急ぎお伝えします。〉

外務省が「必ず削除」せよと言ってきたのは以下の部分だ。

〈そもそも国家というものは、国益上必要と確信することについては嘘をつく。例えば、1972年の沖縄返還にあたって、本来アメリカが支払うことになっていた土地の復元費用400万ドルを日本が肩代わりするとした密約について、政府は一貫して「そのような密約は存在しない」と言ってきたが、2000年にアメリカの外交文書が明るみに出たことで、密約の存在は物証によって裏付けられた。それでも日本政府は密約の存在を否定した。2002年になっても国会で川口順子外相は、「（アメリカの外交文書で密約が明らかになったと報道された後）当時の河野外務大臣が、元アメリカ局長でこの問題にかかわった吉野（文六）元局長に直接話をされて、密約は存在しないということを確認済みでございます」（2002年7月4日の参議院外交防衛委員会）と答弁している。ところが、2006年になって、当の吉野文六氏が密約は存在し、河野外相から「とにかく否定してくれ」と頼まれたので嘘をついたと証言した。

筆者は、外交の世界では時には真実を語れない場合があることもやむをえないと考える。当時、アメリカ議会が沖縄返還で追加的予算支出をすることを認めないという強硬な立場をとっていたのだから、このような密約がなければ沖縄返還自体が実現されなかったかもしれない。政府の行為が、国民のためによかれと思って行ったことでも、結果として国民に対して嘘をついてしまった場合は、後で嘘をついたという事実を明らかにすることが、国家に対する信頼をつなぎとめることになる。アメリカもロシアも外交文書や軍事文書の公開で、国家の嘘が露見することがあるが、情報公開による国民の批判を甘受する姿勢をとっていることは、アメリカやロシアの国家としての強さを示すものだ。日本の官僚は、「絶対に間違えない」という無《む》謬性《びゅうせい》神話に取り憑かれている。密約問題で明らかになったように、大本営発表の体質は現在の日本政府にも存在するのである。しかし、現在でも大多数の国民は政府に騙されていると憤っているわけではない。この感覚から、戦時中の日本人が大本営発表の嘘に対する感覚《ママ》を類推することができると思う。〉（佐藤優『日米開戦の真実　大川周明著「米英東亜侵略史」を読み解く』103―104頁）

読者にはご理解いただけると思うが、筆者は密約を非難していない。歴史的条件の中で、国益のために外交官がやむをえず「嘘」をつくことがある。しかし、それが「嘘」であったことについては、真実を記録に残し、後に日本国民の判断を仰ぐ必要があると考える。それによって、国民の外務省に対する信頼が確保されるのである。しかし、現下外務省幹部は、綻《ほころ》びが明白な無謬性神話になぜかしがみつこうとしている。自己保身の観点から国民に対して嘘をつくような官僚組織を税金で養う必要はない。正直が最大の武器だということが外務官僚には理解できないのである。

国家公務員の表現の自由に関して、鈴木宗男衆議院議員（新党大地代表）の質問主意書に対して、政府は検閲の定義について、「憲法21条第2項は、『検閲は、これをしてはならない。』と規定しているところ、昭和59年12月12日最高裁大法廷判決では、同項にいう『検閲』とは、『行政権が主体となつて、思想内容等の表現物を対象とし、その全部又は一部の発表の禁止を目的として、対象とされる一定の表現物につき網羅的一般的に、発表前にその内容を審査したうえ、不適当と認めるものの発表を禁止することを、その特質として備えるものを指す』とされている」と明示した上で、「日本政府は検閲を行っているか」との質問に、「憲法第21条第2項の検閲の禁止は、公共の福祉を理由とする例外の許容をも認めない趣旨と解しており、国家公務員に対しても同様である」と答弁している（「国家公務員の表現の自由に関する質問主意書」、第164回国会衆議院質問番号24、質問提出年月日2006年1月30日、答弁書受領年月日同年2月7日）。

外務省の筆者に対する削除要求は憲法並びに政府見解に矛盾するので、無視することにした。そもそも理由も述べずに内容の削除を命じること自体が市民社会の一般常識に反する。

書評にまでクレームをつけてきた

さて、外交は、戦争と同じで、物質力と精神力の掛け算で勝敗が決する。もちろん物質力が極端にないところで、精神力だけいくらあっても戦いに勝利することはできない。竹槍でB－29を落とすことができないというのはこのことだ。しかし、物質力で相手を圧倒的に凌駕していても、精神力が限りなくゼロに近いと敗れる。例えば、ソ連軍のアフガニスタン侵攻がその例だ。また、精神力は高いのであるが、それが外交の「ゲームのルール」と噛み合わないと、やはり敗北する。そのよい例を示す書籍が6月に刊行された。川口順子元外相（現参議院議員）の回想録『涙は女の武器じゃない――より子流「しなやか激闘録」――』だ。同書について、筆者は6月12日発売の『週刊現代』で書評をしたが、それに対して外務省がクレームをつけてきた。まず、筆者が書評で述べた核心部分を引用しておく。

〈川口氏は2002年2月1日に外相に就任し、翌2日には早くもイワノフ・ロシア外相（当時）との会談が控えていた。

「私はそれまで、日露関係はほとんどタッチしたことがありませんでした。北方四島問題も普通の人間の常識以上のこと、交渉の経緯など、もちろんなにも知りません。会談は昼食会からはじまり、その後部屋を移して会議です。朝10時から2時間勉強会がセットされました。前の晩は記者会見などがあって夜遅くなり、あまり寝ていませんでした。かなり場慣れして度胸がついてきた私でしたが、さすがに不安でした。外務省の人たちはもっと不安だったでしょう。

その朝、せめて着ているものでは少し存在感を出さなければならないと思い、洋服ダンスを開けました。そのとき『これだ』と手に取ったのが赤い服でした。赤い服を着ると高揚感を感じます。」（『涙は女の武器じゃない』203―204頁）
この「赤い勝負服」で高揚感をもってイワノフ外相と対峙した時点から、日露関係は奈落の底に向けて転がり落ち、北方領土は日本から遠ざかっていくのである。〉
対露外交戦争で勝利したと思いこんだ川口順子氏は、「赤い勝負服」を着て、国益を増進する戦いに邁進していく。
〈外相の基礎体力は、過去の外交文書を読み、外務官僚のブリーフ（説明）を聞いた上で、更に民間有識者の見解を踏まえた、それこそ地道な努力によって強化されていくものだ。だが、天賦の才に恵まれた川口氏は、「赤い秘密兵器」によって日本国家の難局を乗り切ろうとした。客観的に見れば無意味なことでも、ある人物が確信することを外部から禁止することはできない。〉
それではこの「赤い秘密兵器」の実態に迫っていこう。

〈「外務大臣をしているあいだ、『赤い勝負服』といいながら、実は、持っていたのは夏冬1着ずつの2着だけ。そのうちに、九州のある女性が、洋服だけでなく表に見えないところにも赤を身につけていると元気になりますといって赤い××（ナイショ）を送ってくれました。たしかに赤い洋服を2日つづけて着るのもイヤだし、でも国際会議などで『勝負』の日がつづいて気合いを入れたいときもある。そういうときに、この××をひそかに着用したりしていました。」（同205頁）

「赤い××（ナイショ）」とはいったい何であろうか？　表に見えないところにつけるのであるから、パンティかブラジャーであろうか。想像するだけでおぞましい。

（『週刊現代』編集部注：川口氏の事務所に「赤い××」は下着かを質問したところ、「ノーコメント」だった）

川口順子氏は、戦前、昭和16（1941）年1月生まれなので、外相就任時には「赤いチャンチャンコ」を着て還暦のお祝いもすでに済まされていたことと思う。「赤い××（ナイショ）」に頼って、世界第2位の経済力を誇る日本国の外務大臣が、国益を賭した外交交渉に「気合い」で従事していたということ自体が〝国家機密〟である。ドイツやロシアに「魚は頭から腐る」という諺《ことわざ》があるが、このような外務大臣の下では組織全体が腐っていく。日本外交の「八方塞がり」は川口氏の「赤い××（ナイショ）」から始まったということが本書を読んでよくわかった。〉

前回連載でも述べたが、筆者は刑事被告人で起訴休職中であるが、外務公務員としての身分をもっている。そこで寄稿届並びに原稿料発生にともなう国家公務員倫理法の許可手続きをとって、川口回想録の書評も行った。寄稿届は、代理人（弁護士）を通じ、原稿を書き上げた直後の6月5日（月）午前に提出し、雑誌の進行の関係から締切を翌6日（火）午後3時とした。この時間までにコメントがあれば、もちろんそれを踏まえて書き直す用意もあった。ところが外務省のコメントは9日（金）になってから到着した。これでは原稿はすでに印刷されており、物理的に変更が不可能だ。400字詰め原稿用紙7枚半のチェックに4日もかかるというのは、担当者の能力が相当低いかアリバイとして文句をつけているかのいずれかだ。それでは和田幸浩人事課課長補佐からのクレームの内容を具体的に見てみよう。

〈いつもお世話になっております。

「週刊現代」6月12日発売予定号への寄稿（書評：川口順子著「涙は女の武器じゃな

い」）については、現時点までに以下のコメントがありますので、取り急ぎお伝えします。追加コメント等ありましたら、別途御連絡いたします。

「個人を揶揄する表現など外務省員として不適切な内容が含まれている。国民全体の奉仕者たる公務員、外務省員としての品位、名誉を傷つけることのないよう、十分配慮ありたい。」〉

どの言葉が誰を揶揄しているのかについて具体的指摘がない限り、このようなクレームには対応する術がない。筆者は川口順子氏のテキストに即して書評しているのであり、川口氏を含む特定の個人を揶揄するつもりはない。『広辞苑』によれば、揶揄とは「からかうこと。からかい」とあるが、筆者は「からかう」などというレベルではなく、川口氏の見識を正面から、真剣に取り上げている。主観的願望で客観情勢が変わると考えるのは念力主義だ。筆者は川口氏に見られる念力主義とそれを放置した当時の外務省執行部のあり方が国益上妥当だったのかという問題提起をしたに過ぎない。

読者はどう考えられるであろうか。「赤い勝負服」や「赤い××（ナイショ）」に頼る川口氏の念力主義を修正する努力が外務官僚には求められていたはずだ。しかし、当時の竹内行夫事務次官をはじめとする外務省執行部は、「赤い××（ナイショ）」の神通力に頼る川口氏を御しやすいと考えたのであろう。それだからこそ川口氏に迎合して、外務省員が互選で優れた外務官僚、課、在外公館を表彰し、「赤いTシャツ」を賞品に授与する「川口賞」などという笑止千万な顕彰制度を考えたのである（第1章参照）。

そして、外交上の実質的相談は福田康夫内閣官房長官（当時）や森喜朗前首相をはじめとする「清和会」幹部と行ったのである。

特定政治家に情報を横流し

この政官関係は、筆者が現役の頃に外務官僚が橋本龍太郎氏、小渕恵三氏、野中広務氏、鈴木宗男氏などの「平成研（経世会）」の特定幹部に擦り寄っていたのと構造的には同じだ。具体例を披露しよう。

1999年、橋本龍太郎氏がモスクワを訪れるときに筆者は橋本氏からクレムリン中枢部の権力抗争とエリツィン大統領（当時）の健康状態について、きわめて深い情報が書かれた分析調書を渡され、情報の鑑定をもとめられた。筆者が眼にしたことのない情報だ。筆者は「きわめて正確で深い情報です」と答えたが、このワープロの字体と書式が筆者が勤務する外務省国際情報局分析第一課のある課長補佐がいつも使用しているものと酷似していることに違和感をもった。この課長補佐と筆者は親しかったので事情を聞いてみた。「佐藤さん、黙っていて済みません。実は孫崎享（国際情報）局長から『課長にも佐藤にも言うな』と厳命され、英語の書類を訳しました」ということだった。その後、筆者が調査すると、孫崎氏は東京駐在の某国政府代表者に「内閣総理大臣官邸に提出するためにクレムリン中枢部の権力抗争とエリツィン大統領の健康状態について特別の情報が欲しい」と依頼し、それを首相官邸には送らずに（この点については当時内閣官房副長官をつとめていた鈴木宗男氏から裏をとった）、個人的に橋本氏にもっていったのである。

国際情報局長が、首相経験者でロシアに深い関心をもつ橋本氏にもっていくこと自体には問題がない。孫崎氏はロシアスクールでは陽のあたるところにいなかったが、ロシア語を研修した外交官なのでロシア情勢分析には自信があったのであろう。しかし、問題は重要な情報を首相官邸や外務大臣を迂回《うかい》して、特定政治家だけに流していたことだ。先の某国政府代表者には、「内閣総理大臣官邸に提出するため」と説明しているので、これでは情報を「詐取」したと言われても申し開きができない。この点に孫崎氏については、イランとの絡みでもおかしな動きがいろいろあった。

ついてもここで真実を詳しく述べることは差し控える。これも筆者が勿体をつけているからではなく、真実を述べると外務官僚が隠蔽のための口裏合わせをする蓋然性が高いからだ。筆者が国会に参考人招致されれば、このあたりの具体的な話も含め、筆者が知る外務省幹部と政治家の関係、さらに秘密指定を解除されていない情報がどのようにして政治家に流れていたかについても、記憶に基づき正直に話したいと思っている。

外務省に5〜6回接待されたら「情報提供者」に昇格

それでは、外務省のマスコミ対策について話を進めたい。具体的に、拙稿が連載された関係で外務省が『現代』編集部に対して仕掛けてくるであろう謀略工作について予想しておく。まず、外務省としては、連載が終了するのを待つ。その後、1ヵ月程度が経ったときに、大臣官房外務報道官組織の報道課長が『現代』編集長と食事をともにしたいと誘ってくる。物事は上から押さえつければ何とかなるというのが外務官僚の発想なので、ターゲットは編集長になる。報道課から直接オファーがある場合と、大手紙の編集委員、論説委員クラスの有力ジャーナリストを間に立てることもある。紹介者を立てるときは、外務省が本格的に工作を仕掛けるときだ。一人1万50

00〜2万円くらいの予算でレストランに誘う。もちろんこのカネは外務省予算、つまり国民の税金から支出される。ちなみに外務官僚に飯や酒を奢られると必ず記録が残る。「設宴高裁案」という書類には接待する相手の実名記載が求められ、これなくして公金からカネは絶対に出ない。

外務官僚に5〜6回接待されると、「情報提供者」としての位置付けがなされる。初回や2回目の会合では、外務省側のクレームや要請は行わず、「『現代』を読むと実に勉強になります。今後、外交問題でわれわれもお役に立てることがあると思いますから、何なりと気軽に相談してください」などと言う。誠実な人物であると印象づけることが工作の第一目標だ。同時に、大学の同窓生などのツテを頼って、首席事務官（課長代理）クラスの外務官僚が『現代』の副編集長クラスにアプローチする。課長補佐以下は原則として報償費（機密費）が使えないので、アプローチしてくることはまずない。こうして、人間関係を構築し、『現代』が外国で取材するときに便宜を図るなどという提案をさりげなくする。そして、外国で過剰接待をして、ジャーナリストや編集者を取り込んでいくというのが外務省の常套手段だ。

率直に言って、官僚の生態に通暁《つうぎょう》している『現代』をはじめとする総合雑誌の編集長、編集者が外務省の稚拙な工作に乗せられることはまずないと思う。それでも報道課長はこのような無駄な工作を続ける。そして、『現代』が筆者の外務省を扱った論文をしばらく掲載しなければ、「われわれの工作が奏功し、佐藤優の活動を封じ込めることができました」との報告を、論文が掲載されても「もっと酷い内容だったのですが、われわれの働きかけで緩和できました」という報告を官房長や外務報道官に対して行う。検証不能の事案だから、どんな話でも作ることができる。ただし、『現代』編集長と接触ができなければ、話を作ることができない。外務省ではこのような内向きの言い訳が高く評価され、栄達につながるのだ。外務官僚の大いなる勘違いは、「結局のところ、マスコミは情報と権力をもっている外務省に逆らうことができない。外務省と本気で事を構えるマスコミに対しては情報の日干しにすれば、競争で敗れる」と傲《おご》っていることだ。外務官僚には、マスコミの背後にいる読者、視聴者が本質を見抜く能力において小役人よりもずっと優れているという単純な真理が見えないのだ。

外務省の具体的な「対マスコミ」工作

外務省は組織的にマスコミ工作を行っている。そのやり方の汚さはKGB（旧ソ連国家保安委員会）に匹敵する。情報提供のみならずカネでもセックスでも何でも用いる。鈴木宗男氏がこの点にメスを入れる質問主意書を提出した。

〈問：外務省の業務に日本国内の政治情報の収集が含まれているか。含まれているとする場合、その法令上の根拠はどこにあるか。

外務省が、同省を担当する霞クラブの記者に日本国内政局に関する報告書（以下「報告書」という）の作成を有償で依頼しているという事実はあるか。

「報告書」が公信で在外公館に送付されているという事実はあるか。右報告書の送付先に関する記録が外務省に保存されているか。

「報告書」には、同文書については外務省と良好な関係にある政治部記者に日本国内政局動向についての報告と分析を内々に依頼し、作成したもので、回覧は本省（外務省）出身の幹部館員に限定されるという趣旨の但し書きがなされているという事実はあるか。

「報告書」一件につき外務省は報酬として記者にいくら支払っているか。また、この予算はいかなる区分から支出されているか。右支払いに関し、外務省は源泉徴収を行っているか。

行政機関と報道機関の関係に鑑み、外務省が特定の記者に内々に「報告書」の作成を有償で依頼する行為は適切といえるか。

答：外務省としては、外務省設置法（平成11年法律第94号）に規定する所掌事務を遂行する上で必要な各種の情報を正確に把握するよう努めているところであり、その際、必要に応じて国内の事情を対象としている。各種の情報を把握するための個別の方法等については、これを公にすることは、所掌事務の適正な遂行に支障を生ずる等のおそれがあるため、答弁を差し控えたい。〉（「外務省による国内政治情報収集活動に関する質問主意書」、第164回国会衆議院質問番号4、質問提出年月日2006年1月20日、答弁書受領年月日同年1月31日）

外務省が「国内の事情を対象としている」情報収集を行っていることが、閣議了解をえた答弁書で明らかになったのは、筆者が知る限り初めてのことと思う。外務省のインテリジェンス（諜報）活動は、外国に対してのみならず、日本国内にも向けられている。外交は内政の延長であり、外交官が日本の国内政局動向を正確に把握することは外交力の強化に資する。このこと自体は大いに結構だ。

筆者は1987年8月から95年3月まで7年8ヵ月、モスクワの日本大使館に勤務した。最初の10ヵ月間はモスクワ大学で研修していたが、その後は大使館の政務班でロシア（ソ連）の内政事情を担当した。勤務に就いてから1年くらいで、大使館の上司から、「佐藤は他の外交官が嫌がる政治家や報道関係者のアテンドを上手にこなす」という評価が定まり、書記官クラスが眼にすることのない電報や書類も「読んでおけ」と手渡されるようになった。そこには「本件資料の回覧は厳に本省（外務省）出身の幹部のみに限定ありたい」という但し書きのついた調査報告書がいくつもあった。その中に外務省が「霞クラブ」の政治部記者に有償で書かせた政局レポートがあったが、政治家の実名やオフレコ懇談の内容が盛り込まれた、実に踏み込んだ内容の報告書だった。４００字詰め原稿用紙に換算すれば50～60枚になる本格的な調書だ。「秘密文書」指定はなされておらず、「取扱注意」と書かれていたと記憶している。「秘密文書ではないが、報道関係者や一般市民に渡してはならない」ということで、裏返せば、取扱注意の内容については、政治家、有識者、外国人との意見交換では使っても構わないということだ。外国人の日本専門家や日本を担当する外交官は、日本の国内政局に強い関心をもっている。筆者は、この政局レポートと、日本から訪れた国会議員や政治部記者との雑談で仕入れた政局情報を記録し、そこから筆者なりの分析をし、外国人政治エリートとの意見交換で活用した。

しかし、問題は国内情報収集、特に外務省を担当する「霞クラブ」の記者たちを夕ーゲットに外務省が行っている工作において、外務官僚が越えてはいけない一線を越えていることだ。

外務省は「霞クラブ」の記者を外務官僚にとって都合の良い記事を書く「与党」とそうでない「野党」に区別する。この場合、記者の所属先の色はあまり関係ない。読売、産経、NHKが「与党」で、朝日、テレビ朝日が「野党」ということではない。個々の記者が書く記事を外務省は実によくフォローしている。テレビ放送についても政官界に影響を与えるテレビ朝日の「サンデープロジェクト」などは放送内容を活字に起こして回覧する。そして記者だけでなく、有識者についても外務省にとっての「与党」、「野党」の色分けをする。そして、「与党」記者に対して、飲食・飲酒接待を継続的に行い、不祥事などの報道については筆を抑えてもらうように働きかける。最初は高級レストランで飲み食いするが、その内、友人としての雰囲気を出すためにあえて「縄のれん」などに通い気さくな感じで記者に接触する。

これも心理工作の一環だ。

外務省「与党」記者は出世させ、「野党」記者は潰す

そこで外務官僚と「持ちつ、持たれつ」の関係ができると、「与党」記者にカネを握らせる方策を考える。外交問題の専門誌『外交フォーラム』の座談会に出席してもらい謝礼としてカネを流すなどという合法的手法から、匿名で先にあげた政局レポートを作成させ破格の「原稿料」を払ったり、大使館の印を押した白紙領収書を渡すなどというかなりヤバイ手法まで、相手を見てさまざまな対応をする。

国家機関とマスコミの関係を考えた場合、外務省からカネを貰って、職務上知り得た政治家からのオフレコ情報を報告書にした事実が露見した場合、その記者は恐らく馘首《クビ》になるだろう。現に政局レポートを書いた記者から、「佐藤さん、このレポートを僕が書いたことは絶対に言わないでほしい」と頼み込まれたこともある。外務省はカネ絡みの話で記者の「弱み」を握った上で、そのような記者には「特ダネ」情報をリークし、出世するように協力する。そしてその記者が現役である限り外務省「与党」にとどまるようにする。

また、首相や外相に同行した記者たちをいかがわしい店に誘い、楽しませ、その実態について報告書を作成して秘密を握っておくというのも外務官僚のお家芸だ。

具体例を話そう。実名は伏せるが、接待を行った某大使館幹部と接待を受けた記者から筆者が直接聞いた話だ。アジア某国日本大使館の広報部長（参事官）をつとめていた外務官僚は、日本から記者が訪ねてくると、全裸の女性の局部から鶏卵を排出するショーを見せる風俗店で接待し、記念撮影をしたり、局部から排出された生卵を入れたカクテルを飲んで親交を深める。そして、そのような接待を受け、弱みを見せた記者が外務省にとって都合の悪い記事を書いたり、行動をとったりすると、情報をリークして栄達の道を閉ざすというのも外務省の得意技だ。

次章は、筆者自身がモスクワで当時プレスアタッシェ（報道担当官）をつとめていた原田親仁参事官（後の報道課長、現欧州局長）の命令にしたがって行った大使館発行の白紙領収書のからくりについて、懺悔の意味も込めて、読者に説明したい。

第4章

私が手を染めた「白紙領収書」作り

筆者への警告

「外務省『犯罪白書』」の内容について、筆者が想像するよりもはるかに大きな反響があった。そのうちいくつかを読者に紹介したい。かなり本格的な警告が外務省幹部と関係をもつ報道機関幹部から入ってきた。二つの筋（いずれもモスクワで勤務歴のある記者）から流れてきたが、中心となるメッセージは同一だ。

〈『月刊現代』の連載は外務省として看過できる限界をはるかに超えている。「佐藤優もついにここまで堕ちたか」というのが外務省幹部のコンセンサスだ。外務省も組織だ。しかも国家機関だ。甘く見ているとどうなるか、よく考えておけ。特に野村一成前ロシア大使（現東宮大夫）に触る記述をした場合、どうなるかよく考えておいたほうが身のためだ。「菊のタブー」がどういうものか、佐藤も思い知ることになろう。ちなみに山手線や地下鉄に乗るときは、あまり線路寄りに立たないことだ。健康に注意されたい。〉

この種の話は実に不愉快であるが、一部外務官僚の体質をよく現しているので、読者に説明しておきたい。外務省は「右バネ（右派・国家主義勢力）」に対して過度に怯える体質がある。産経新聞や『正論』、『諸君！』などの論調が外務省に対して厳しくなると「街宣車が来るのではないか」と外務官僚はびくびくする。街宣車が「腰抜け外務省のヘナチョコ○○課長よ！　貴様は表面上、四島一括返還などという勇ましいことを口にしながら、裏ではロシアの金髪娘にうつつを抜かし、モスクワのストリップ・バー『ドールズ』に入り浸り、国民の税金を浪費していたではないか！」などとラウドスピーカーで叫ばれることをなぜかとても嫌がる。

4年前、一部外務官僚が「鈴木宗男と佐藤優はロシアの手先で、北方四島返還に反対している」という情報をマスコミに流し、それがもとになって週刊誌やワイドショーで国賊キャンペーンが展開されたときに、外務省外交史料館につとめる筆者のところにも連日、墨書の「自決勧告書」、「告発状」などが届いた。また、あるとき外交史料館副館長に呼ばれ、「愛国主義団体の構成員を名乗る人物が外交史料館を訪問するが、目的は佐藤さんの動向についての偵察だから注意してくれとの連絡が警察からあった」という話を聞かされた。この人物の来訪について副館長がかなり怯え、報告書を作成し、大臣官房総務課に送っていたが、正直言って、なぜこれほど「右バネ」に外務官僚が過剰反応するのか、筆者には皮膚感覚として理解できなかった。

筆者は、右翼であれ、左翼であれ、自己の言説に責任をもつ人を尊敬する。「右バネ」に対する恐怖感なるものは現役時代もなかったし、いまもない。北方領土問題について筆者が国賊であったというキャンペーンがもはや有効でないと考える外務官僚が、今度は「菊のタブー」なる表象を持ち出し、筆者を脅そうとしているようであるが、「死に場所」を求めている筆者にとって、そのようなカードがまったく効かないことをまず明らかにしておきたい。

本当に筆者を止めたいのなら削除や寄稿禁止を命じればよい

前回連載に関して、『月刊現代』8月号が発売されてから1週間後の7月7日に外務省の和田幸浩人事課課長補佐から筆者の代理人（大室征男弁護士）に以下のファックスが送られてきた。

〈「月刊現代」2006年7月1日発売予定号への寄稿については、以下の伝達事項がある。

1．寄稿等の届については、締切までに十分な時間的余裕をもって提出するよう留意ありたい。

2. 外務省員として内容に不適切な部分がある。
3. 3ページ及び4ページについて見え消し（筆者注：地の文が見えるように削除指定があること）のとおり削除ありたい（筆者注：1972年の沖縄返還に関する密約に言及した部分。『現代』8月号が発売された後のコメントなので、この部分の削除はなされていない）。
4. 以下については、既に伝達している内容であるが、念のため、今一度繰り返し伝達する。
（1）貴官から提出される寄稿等の届についても、他の職員から提出される届の場合と同様に、省内でコメントがある場合には、これを伝達しているものである。なお、発表行為に当たって我が国の外交政策に触れる場合には、その時点における政府の基本方針を十分踏まえた上で行うことになっている。また、発表行為により、国民全体の奉仕者たる公務員、外務省員としての品位、名誉を傷付けることのないよう十分配慮する必要がある。
（2）寄稿等へのコメントについては、届出の提出から締切までに時間がないような場合には、締切を過ぎることもあるが、通常、締切を過ぎた後であっても、コメントがあれば、伝達することにしている。

なお、寄稿届は、届出であり許可申請ではないところ、仮にコメントがない場合であっても、外務省が寄稿等を「許可した」ものではなく、また、コメントがないこと自体をもって、寄稿等の内容を外務省として認めたことを意味しない。いずれにせよ、寄稿等は、これを行う省員の個人の責任で行われるものである（個人の責任であっても、寄稿等に当たり留意すべき点は、既に述べた通り）。〉

実に下手クソな官僚文書だが、要するに人事課が筆者の原稿に文句をつけているのではなく、他の局・課からのコメントを伝えているに過ぎないので勘弁してくれという責任転嫁と、それから寄稿届は許可を与えるものではないのでコメントしないことで内容を認めたものではないという逃げを打っている。筆者の原稿に国益を毀損したり、外務省職員の名誉を不当に傷つける内容があると外務省が組織として思料するならば、それを率直に指摘し、職務命令として削除や寄稿禁止を命じればよい。それに筆者が応じないならば国家公務員法に基づき処分すればよい。

塩尻孝二郎官房長！

片上慶一人事課長！

一日も早く筆者を処分するための聴聞を行うことを提案する。

活字だけでは痛くも痒くもないと外務省幹部は考えているようなので、別の表現形態についても考え始めている。幸い筆者も少し印税が入ったので、自動車教習所に通い運転免許をとって街宣車を購入し、外務省正門前で外務官僚の「素顔」について伝えるなどというのはいかがであろうか。その際には人事課に「街宣活動届」を事前に提出するので、是非、前向きに検討していただきたい。

実質的内容について、外務省が沖縄返還密約問題について神経質になっていることがよくわかった。敵が嫌がることを徹底的に行うのがインテリジェンス（諜報）の定石なので、この問題について筆者は研鑽をより深め、その成果の一部を『現代』で発表することにしたい。

ところで、寄稿（出版）届について、外務省に是非聞いてみたいことがある。

2004年5月6日、中華人民共和国上海市の在上海日本総領事館で、中国公安当局に女性問題をネタに日本外務省の内部情報を提供せよと脅された館員（電信官）が自殺した。このときの総領事であった杉本信行氏（現日本国際問題研究所主任研究員）が本年7月に『大地の咆哮　元上海総領事が見た中国』（PHP研究所）を上梓した。日本国際問題研究所は外務省の外郭団体で、杉本氏は外務公務員の身分をもったまま出向している。従って、同書の上梓にあたっては事前に寄稿（出版）届と印税発生にともなう国家公務員倫理法に基づく許可が必要とされる。

杉本氏は部下が自殺したことが本書執筆の直接の動機で、「中国共産党が支配する『中華人民共和国』の現体制と『中国人一般』を同一視しないことが肝要だと考えている」（同書7頁）という立場から中国事情を紹介している。その中には、北京市内に日本のODA（政府開発援助）で建てた日中青年交流センターの敷地内に「性的なサービスをすることで有名になっている」（142頁）カラオケ店がオープンし、中国側が怪しげなビジネスをしている事例を杉本氏が調査したことなど、これまで外務省のチャイナスクールに所属する外交官が書かなかった事実を明らかにしている。このこと自体は国民の知る権利の観点から歓迎される。

外務省は筆者の事例で明らかなように原稿の削除を要求してくるので、寄稿届は実質的には検閲の機能を果たしていると言える。よって、「その時点における（日本）政府の基本方針を十分踏まえた上で」出された杉本氏の著書を中国政府は日本政府からのシグナルと見なすであろう。「中国共産党政権の正当性、および正統性を維持するためには、対外強硬路線を取る以外にない、といった強迫観念にとらわれているようにも見える」（10頁）と書かれ、ベストセラーになりつつある『大地の咆哮』を中国政府が問題視するのは必至だが、さて、外務省は杉本氏の寄稿（出版）届にどのように対処したのであろうか。実に興味深い。

「東郷さん。切腹ではなく、打ち首を望んでいるんだね」

ところで外務省は東郷和彦元欧亜局長の動向に神経を尖らせている。筆者の寄稿届に対して人事課の和田課長補佐から珍しく発売2日前（7月12日）にコメントが大室弁護士にファックスで届いた。

〈『週刊金曜日』2006年7月14日発売号への寄稿については、以下の伝達事項がある。

1. 寄稿等の届については、締切までに十分な時間的余裕をもって提出するよう留意ありたい。

2. 当時の飯村審議官及び川村企画官に関する記述については、事実関係に不正確な部分があるので、削除ありたい。〉

東郷和彦氏は現在は米国プリンストン大学で教鞭をとっている。去る6月21日、東京高等裁判所で行われた筆者を被告人とする法廷で証人として立つために、東郷氏は出国後、初めて帰国した。「佐藤被告はイスラエルのロシア専門家の旅費を国際機関から不正に支出させたとして背任罪などに問われているが、東郷氏は『担当部局の決裁を受けており違法性はない』と証言した。東郷氏は米国在住。問題になったイスラエルの専門家の招待にかかわった。2002年4月、鈴木議員との関係を問われて免職となり、翌5月に出国。帰国は4年ぶりという。問題となった支出は国際協定上、許されないとする検察側の主張について『協定の解釈権限をもつ条約局が実施していいと判断しており、違法性はない』と強調した」(『asahi.com』2006年6月21日)。

外務省が「削除ありたい」とする寄稿『週刊金曜日』(7月14日発売号)の当該部分を正確に引用しておく。

〈筆者はこの機会に4年ぶりに東郷氏とゆっくり話をした。このとき東郷氏は4年前に日本を去った理由を率直に語った。2002年4月、飯村豊外務省官房審議官(当時、現フランス大使)が東郷氏に対して鈴木宗男衆議院議員と親しい関係、さらに筆者を重用し、対露外交をめぐる外務省内部の体制を崩した責任をとって辞表を出せと迫った。ちなみに2001年5月、当時官房長をつとめていた飯村豊氏が田中真紀子外相を追い落としてほしいとの依頼を鈴木宗男衆議院議員に対して行った経緯がある。飯村氏は自己保身と栄達のためには何でもするという外務省の病理を体現した人物だ。東郷氏は、「鈴木宗男さんとは北方領土問題を動かすために一緒に仕事をしてきたのであり、何らやましいことはしていない。一部の部下の気持ちを十分くみ取ることができなかったのは申し訳なく思うが、それ故に辞表を出す話ではない」と断った。すると飯村氏はこう言い放ったという。

「東郷さん。あなたは切腹ではなく、打ち首を望んでいるんだね」

この言葉を聞いてから、「私の中で何かが崩れていった」と東郷氏は述べていたが、当然と思う。「切腹しないならば打ち首にしてやる」などという台詞は、国家公務員の世界でありえないことだ。まるで暴力団幹部が企業舎弟を脅すときに使う言葉だ。

また、第一審で東郷氏が証言のため帰国しようとしたら、川村博司人事課企画官（当時、現総合外交政策局政策企画室長）から、「東郷さん、いま帰国すると検察に逮捕されますよ」という電話があったという。川村氏はこの電話の翌日にも「東郷さん、逮捕されるという話はこっちが親切で教えてあげたんだから、誰にも言わないように」と口止めまでしてきたという。〉

筆者は自らが見聞したことを記憶に基づき正確に記述している。外務省が「事実関係に不正確な部分がある」といっても、どこがどう不正確であるかについて具体的指摘がない限り対応できない。「飯村氏は自己保身と栄達のためには何でもするという外務省の病理を体現した人物だ」という認識を筆者は強くもっている。

筆者が知るこれまで話していなかった飯村豊氏と鈴木宗男氏の関係について真実を明らかにしたい。

「鈴木宗男vs.田中真紀子」対決を煽った真犯人

2001年5月7日、当時の田中真紀子外相がロンドンに赴任した小寺次郎氏をヒースロー空港から呼び戻し、ロシア課長に再就任させるという事件があった。外務大臣が従来の慣行を無視して課長クラスの人事にも直接関与するようになると外務省の秩序が崩れ、外務官僚がパトロン政治家に媚びを売り、行政の中立性が侵害されるとの危機意識が強まった。

このとき筆者は複数の外務省幹部に呼ばれ「田中の婆さんの政治的思惑で小寺も利用されているに過ぎないので、鈴木（宗男）さんの怒りが小寺に行かないように君からも鈴木さんによく言い含めてくれ」と言われ、筆者も当時はその通りと思っていたのでそのような働きかけを鈴木氏に対して行った。ところがこの数日後、鈴木氏から筆者は以下の話を伝えられた。

「佐藤さん、さっき飯村が訪ねてきて、早く国会で田中大臣と対決しろと言うんだ。このままでは外務省がもちません。田中の婆さんは、自分のおとうちゃん（田中角栄元首相）は偉かったという思いだけで動いています。その田中角栄を裏切った経世会（平成研）の連中は許せないし、1973年の田中・ブレジネフ会談の路線を崩した政治家も許せないと考え、平成研の政治家であり、かつ北方領土問題で影響力をもつ鈴木大臣（外務省では閣僚経験者は現職を離れた後も「大臣」と呼ぶのが慣行）を潰そうとしています。早く婆さんをやっつけないとたいへんなことになります。田中に言われて帰ってくる小寺も一緒に始末してください、と言うんだ」

筆者がこの話を早速、川島裕事務次官（当時）に伝えると、川島氏は絶句していた。飯村氏の働きかけが鈴木宗男氏と田中真紀子氏を対立に向かわせる上で少なからぬ役割を果たしたと筆者は認識している。この飯村氏が2002年1月末以降の鈴木宗男叩きでも主導的役割を果たした（この経緯については筆者と筆坂秀世元日本共産党参議院議員の対談「度し難きかな、共産党と外務省（下）共産党№.4の元幹部と情報分析の鬼が語り合った5時間」『正論』2006年8月号を参照されたい）。

さらに2006年2月27日発売の『週刊現代』に「血税146億円の行方　大使の疑惑　インドネシア巨額津波支援金が消えた！」と題する記事が掲載された。この記事でターゲットにされているのも当時の飯村豊インドネシア大使だ。

外務省は公式ホームページに対外応答要領（外部からの質問を想定したQ＆A）や『週刊現代』編集長への抗議文を掲載したが、週刊誌報道に対して外務省がこれほどの過剰反応をした例は近年なかったと思う。一般論として、人や組織が激怒するのはまったく事実無根のことを書かれた場合か、隠しておきたい悪事を暴かれた場合かのいずれかだ。ここで報道関係者が「敵が嫌がることを徹底的に行う」というインテリジェンスの定石を適用してみると面白い。

飯村豊氏の中国大使人事がどのような経緯で消え、フランス大使になる過程でも政治サイドからどのような釘を刺されたかについても、筆者は正確な情報を有しているが、これらの事情についても国会に参考人として招致されれば正直にお話ししたいと思う。いずれにせよ報道課長時代、アメリカ在勤時など公務に影響を与えたであろう飯村氏の私生活や公金の使用状況について報道関係者が徹底的に取材すれば、外務省の構造悪が明らかになると思う。

それにしても飯村氏が東郷氏に対して吐いた「あなたは切腹ではなく、打ち首を望んでいるんだね」という暴言は、一部外務省幹部の言語形態までもが犯罪組織の文化に近づいていることを如実に示す例だ。

鈴木宗男代議士に飲食費や遊興費をつけ回した外務官僚は

川村博司人事課企画官（当時）の発言についても筆者が東郷氏から聞いた内容を先述の掲載誌に正確に再現した。筆者以外に3名の弁護士がこの話を聞いている。折角の機会であるので川村氏についてもとっておきの話を披露しておこう。

２００３年10月8日、筆者は５１２日間の独房生活を経て、小菅の東京拘置所から保釈された。川村氏は当初、筆者に対する聴聞をしたいと代理人（大室弁護士）を通じて申し入れてきた。筆者は、２００２年5月14日に逮捕されたが、その前日の13日に外務省人事課の大菅岳史主席事務官（当時、現国際社会協力部政策課長）に「東郷（和彦）さんも検察庁に行っているんだ。だから君も検察に行ってくれ」と嘘をつかれた経緯があるため、人事課は信用できないのでマスコミに公開された席以外で外務省関係者と接触するつもりはないと回答した。

そうすると２００３年11月に入り、代理人を経由し、「内々に願いたいが、形だけ佐藤さんから聴取をし、処分は保留とするので、とにかく僕の立場もあるから聴取に応じてほしい」という打診が川村氏からあった。

筆者は直ちに断った。自己保身のために形だけ整えようとする川村氏の姿勢に外務省の病理がある。このような人物は難しい外交交渉でしてはいけない妥協を相手国とする可能性が排除されない。川村氏が人事課企画官として筆者から事情を聴取したいならば、正々堂々とマスコミの前で聴聞会を行えばよい。マスコミの眼に触れて毀損される可能性があるのは筆者の人権だが、権利は放棄することができる。筆者の人権に対する配慮はいらないので、川村氏は外務省という国家機関の利益を体現する立場から、筆者を叩き潰す仕事を職業的良心に従って誠実に行えばよい。もちろん筆者は簡単には死なない。硫黄島の日本兵の如く最期の最期まで外務省の理不尽な対応と闘う。それだけのことだ。

それから、川村氏から筆者の代理人に対して、「佐藤優が鈴木宗男氏につけ回しをしているとの新聞報道に国家公務員倫理委員会が関心をもっているので回答せよ」というファックスが届いたので、「筆者はつけ回しなどしたことがない。ただし、筆者の承知する範囲で鈴木宗男事務所に料亭での飲食費や遊興費をつけ回した外務官僚がいることは承知する」として実名をあげた回答を内容証明郵便で外務省宛に送っているので、今後、川村氏に関する筆者の記述に「事実関係に不正確な部分があるので、削除ありたい」などという不埒なコメントを人事課が伝えてくるならば、この内容証明郵便を公開することにする。

機密費を使った記者の接待はすべて外務省に記録されている

筆者も現役時代に職務を遂行する中で、人には言えないような行為を何度も行った。そのなかで、対マスコミ工作の一環で上司の命令に従って「白紙領収書」を作成したことについてはいまも心の中に強いわだかまりが残っている。

1988〜89年、在ソ連邦日本大使館政務班で筆者の直属の上司は原田親仁氏（現欧州局長）だった。当初、一等書記官だった原田氏はプレスアタッシェ（報道担当官）をつとめ、日本から外務大臣が訪問する際の同行記者団のアテンドを担当した。同行記者団には幹事がいるが、原田氏から、「大使館の管理班（日本からの来客に対する便宜供与や現地人スタッフの労務管理を担当する班）に行って、大使館の用箋の左上に Embassy of Japan, Moscow と書かれているレターヘッドの右下に、他人に見られないようにスタンプを押して書類を作ってこい」と命じられた。筆者が「口上書（外交上の公式文書）に用いる文書班が保管する公印でなくていいのですか」と質すと原田氏は「口上書用のスタンプではなく会計班のスタンプにするんだ」と明示的に指示した。

筆者が指示された通りの書類を作り、封筒に入れて原田氏に渡すと、原田氏はこの封筒の中身を確認し、「これでいいよ。サンキュー」と筆者に告げた後、幹事社の記者に封筒を渡していた。筆者が外務省報道課の担当官に「この紙は何に使うのか」と質すと「記者たちはここに適当な数字を書き込んで、会社から前渡しされた経費の精算をする。これで少なくても10万円、テレビ局などは数十万円の小遣いを作ることができる。これで外務省が記者に対して『貸し』を作るのだ」というカラクリの説明があった。

モスクワだけでなく、首相や外相等の同行記者団に対してどの在外公館（大使館、総領事館、日本政府代表部）でも行っている裏便宜供与であるという説明を報道課員から聞き、筆者は驚いた。

１９９６年4月にモスクワで行われた原子力安全サミットの報道関係業務を統括するため筆者はモスクワに長期出張したが、このときは「白紙領収書」の作成を行わなかった。バブル経済が崩壊し、１９９０年代半ばから、各社とも経費節減がうるさくなるとともに外務省が同行記者団に「白紙領収書」を渡す慣行もなくなったのである。

その頃から外務省の記者工作が変化した。それまでは外務省を担当する「霞クラブ」全体に社会通念上認められないような便宜供与を行い、外務省と持ちつ持たれつの関係を組織的に作ろうとしていたのが、「霞クラブ」内の特定記者をターゲットにした工作に変化していった。記者工作のための報償費（機密費）も以前より潤沢に使えるようになった。外務省の場合、機密費を使用する場合も実名記載と領収書の提出が義務づけられている。従って、外務官僚に報償費で奢られた記者は、その日付と金額が外務省に記録される。「○○新聞の××記者は外務省批判でエラそうなことを言っているが、過去3年で累計500万円も機密費で接待されている」などという内容の日付、レストラン名を入れた怪文書にして流せば抑止効果は十分ある。この辺をちらつかせながら、外務官僚には決して逆らうことができないという形で「友情」を記者と育むことが、外務省で出世するための重要な技法である。

本稿に登場した飯村豊氏、原田親仁氏はいずれも報道課長をつとめた、この種の技法の達人だ。

外務省得意の言い訳「事実は確認されていない」

いずれにせよ原田氏とその後任のプレスアタッシェの指示に従って、計5～6回、枚数にして200枚以上の「白紙領収書」を筆者が作成したのは事実だ。これは有印公文書偽造にあたる違法行為であるとの認識を筆者は当時からもっていた。このような形で外務官僚と報道機関に不適切な関係をつくる上で筆者も手を貸してしまったのだ。公務員としてあるまじき行為だったと反省している。

国民に対して深くお詫び申し上げる。

白紙領収書についても鈴木宗男衆議院議員が質問主意書を提出している。

〈問：有印公文書の定義如何。

答：一般に、有印公文書とは、公務所又は公務員が職務上作成する文書であって、公務所又は公務員の印章又は署名が使用されているものを意味するものと承知している。

問：内閣総理大臣、外務大臣が外国を訪問する際に同行記者団が組織されることがあると承知するが、同行記者団に関する業務に外務省のどの部局が従事しているか。

答：御指摘の同行記者団に関する業務は、外務省大臣官房報道課等が行っている。

問：飯村豊駐フランス大使が外務省外務報道官組織報道課長をつとめていた時期を明らかにされたい。

答：御指摘の者は、平成２（１９９０）年８月から平成４（１９９２）年８月までの間、外務省大臣官房報道課長であった。

問：過去に外務省在外公館の名称が記されたレターヘッドの右下部に在外公館名が記載された印を押し、金額等が記されていない文書を同行記者団の経費支払証明書・領収書（以下、「白紙領収書」という）として使用するために外務省職員が作成したことがあるか。

外務省職員は公務として「白紙領収書」を作成したのか。

飯村豊報道課長（当時）の指示により、外務省職員がモスクワ、ロンドンなどにおいて「白紙領収書」を同行記者団に渡した事実があるか。外務省職員が「白紙領収書」を作成することは、法令、社会通念に照らして妥当と考えるか。

答：外務省において御指摘の「白紙領収書」が作成された事実は、確認されていない。〉（「外務省による同行記者団に対する白紙領収書の供与に関する質問主意書」、第１６４回国会衆議院質問番号２４２、質問提出年月日２００６年４月27日、答弁書受領年

月日同年5月12日）

いつものことであるが、外務省が「白紙領収書が作成された事実はない」とせずに『白紙領収書』が作成された事実は、確認されていない」と答弁していることは、賢明である。下手人である筆者が明確に証言しているのであるから、外務省が白紙領収書を作成したのは事実だ。ここで外務省が「事実はない」と答弁すると、あとで虚偽答弁が政治問題化する危険性がある。だから「確認されていない」といういつもの逃げを打ったのだ。

またここでも飯村豊氏が登場している。１９９０年9月、小渕恵三衆議院議員（当時）を団長とする国会議員約60名の自民党代表団がモスクワを訪れたが、このとき飯村氏も報道課長として同行した。このときも筆者は白紙領収書を作成し、ロシア・ホテル1階のプレスワーキングルームで同行記者団に渡したことを鮮明に記憶している。前回連載で筆者は、「現外務省には嫉妬深く、権謀術策好きで、自己の栄達と蓄財にしか関心をもたない幹部・中堅幹部がいる。その数はわずか20～30名に過ぎない。これらの腐敗分子さえ除去されれば、外務省の内側から自浄能力が発揮される」と述べたが、種々のスキャンダルに顔を出す役者の顔触れは限られているのである。

本件についても筆者は国会に参考人として招致されれば、記憶に基づき真実をすべて述べる用意がある。

記者は「弱みを握られたら最後」

さて、読者から「外務官僚がどのようにして記者を脅すのか」についての具体例をもっと知りたいという質問が多数寄せられているので、筆者自身が関与した例を少し丸めて話すことにする。なぜ丸めるかというと外務省の謀略に陥れられた記者は基本的に被害者と筆者は考えるからで、この記者が特定されないように配慮するからだ。

自民党の派閥担当記者は有力政治家と特殊な関係にある場合が多かった。そのような記者が政治家を通じて、大統領や外相と単独インタビューをさせろという要請を大使館に対して行うこともときおりある。特定会社の記者に便宜を図ると他社から恨まれるので、大使館員にとっては実に迷惑な話なのだが、筆者のチームがお手伝いをして、大統領と会わせたことも何回かある。

やり手政治部記者で「飲む・打つ・買う」の三拍子が揃っている人がかつてはかなりいた。飲み屋で知り合ったロシア人女性のアパートに深夜遠征し、そこで原稿を書き上げたという猛者も少なからずいたし、トラブルに巻き込まれ、裸でモスクワの街に投げ出された人もいる。政治部記者のアテンドを各社のモスクワ支局は嫌うので、大使館員がカジノやバーにお供することになる。

ある日、筆者の後輩から早朝、電話がかかってきた。「××記者からSOSの電話がありました。昨日、女性を部屋に入れたのですが、同衾し女性を送り出してしばらくしてから背広の内ポケットの財布を見ると米ドル札がすべて盗まれているので、何とかしてほしいと言っています」という話だった。筆者がホテルに赴き記者から直接事情を聴取した。盗まれた金は邦貨換算で15万円程度とのことだった。施錠したスーツケースは無事で、米ドルも日本円も相当残っているということだったので、この盗難によって出張に支障を来すことはない。筆者は記者に「警察に届ければ、女を捕まえ、カネを取り戻すことはできるかもしれません。しかし、同時に秘密警察が関心をもちます。買春やロシア人に外貨を渡すことは法律で禁止されているので、厄介な問題になるかもしれません。『運が悪かった』と諦めて、静かにすることをお勧めします」と助言した。記者は筆者の助言に従った。

大使館に戻り、愚痴半分で上司に事の顛末を報告すると、上司は筆者の後輩に、「極秘の事務連絡で事情について報告しろ」と命じた。事務連絡とは正式の電報（外務省用語で「公電《こうでん》」という）に馴染まないような電報をいう。正式の記録に残したくない外務官僚の不祥事や政治家絡みの面倒な内容は事務連絡でやりとりされることが多い。必要に応じて事務連絡にも公電と同様に極秘の暗号をかけることもできる。この記者の後ろ盾だった政治家は某派閥の有力幹部で、しかも現職の閣僚だったので、外務省としてもこの記者を特別扱いした。モスクワでの盗難事件から数ヵ月後、この政治家が閣僚職をはずれた。ここで外務官僚が情報戦を仕掛けた。某幹部がオフレコ懇談で、「モスクワは物騒になっている。記者の皆さんも気をつけたほうがいい」と前置きして、事務連絡で送った極秘電報の内容をモスクワで「武勇伝」を残した記者の実名をあげて披露したのだ。この情報はただちにその記者が所属する会社の首脳に知れ、彼は政治部を外され、出世競争から脱落した。このリークを行った外務省幹部は後に外務事務次官になった。

若手外交官からのエール

さて、毎回、陰険な外務官僚の話ばかり書いていると筆者も気が滅入ってくるし、読者も気分が悪くなってくるであろう。外務省には能力が高く、国益のために進んでリスクを負う外交官も多い。しかし、このような人々について筆者が書かないのは迷惑をかけたくないからだ。

6月21日の東郷氏の証言後、数名の外務本省現職幹部から「佐藤さん、真実が明らかになってよかったね」という電話があった。その後、局長級の外務省幹部（迷惑をかけたくないので本省か在外かは明らかにしない）と夕食をともにして意見交換をした。筆者はかつてリーダーをつとめたインテリジェンス・チームの外務省員とは一切連絡を断っている。この優れた若手外交官たちが活躍していくために筆者が唯一できることは、敵に口実を与えないために関係を絶つことと考えているからだ。局長級の幹部はこれら若手一人一人の消息と、そのうち何名かからのメッセージを伝えてくれた。

「佐藤さんが闘っているから、私たちにも圧力が加えられないのです。正直に言うと外務省をやめることを何度も考えました。しかし、『諜者は死なず』という陸軍中野学校の掟に従って、私たちは徹底して生き残り、必ず日本国家のために役に立つ仕事をします。私たちは時を待っているのです。佐藤さんの意思は必ず引き継ぎます。国益を基準にすべてを考え、行動します」

久しぶりに胸が熱くなった。これで筆者も安心して「死に場所」を見つける闘いに専心することができる。次章からは外務官僚の手抜き、不作為、能力低下のため、外交政策でどのような支障が出ているかについて論を進めていきたい。

第5章

「沖縄密約」最後の封印を解く

外務官僚の不作為により、ついに人が死ぬ現実

外務官僚の不作為により、ついに死者が発生した。2006年8月16日未明、北方領土・貝殻島付近の中間線（ロシア側が主張する「国境線」）よりも貝殻島に近い海域で北海道根室市のカニかご漁船「第31吉進丸《きっしん》」（4・9トン）がロシア国境警備庁の警備艇に銃撃され、乗組員4人のうち盛田光広氏（35歳）が死亡した。

本件に関しては、第一義的にロシア国境警備庁が悪い。いかなる理由があるにせよ、非武装の漁船を銃撃し、民間人を殺すようなことがあってはならない。日本政府がロシア政府に対して厳重に抗議し、謝罪、賠償と再発防止措置を求めるのは当然のことだ。しかし、本件に関して、ロシア国境警備庁と同じくらい重い責任をもつのが日本外務省のロシア担当者だ。北方四島がわが国固有の領土であるというのは日本国家の原理原則であり、これについては絶対に譲ってはならない。しかし、中間線の向こう側に日本の実効支配が及んでいないというのも事実だ。根室に通算10年以上勤務し、現地事情に通暁している毎日新聞の本間浩昭根室通信局長はこう記す。

〈根室半島周辺海域で花咲ガニの漁獲量が激減する一方、ロシアから〝輸入〟される

カニの攻勢を受け、危険覚悟で操業せざるを得ない――。今回、拿捕《だほ》されたカニかご漁船「第31吉進丸」がどこでどのような操業をしていたかは不明だが、こうした日本漁船の事情を背景として指摘する声は多い。（中略）先月末ごろから中間ラインを越えて操業する漁船が増え始めた。「次から次へと越境する船が増えたことは、水揚げ量で一目瞭然」（根室市内の業者）。半島の沿岸では1航海でわずか５００～６００キロしか漁獲できないはずなのに「多くの船が6～7トン持って来るようになった」（別の業者）という。〉（毎日新聞8月17日朝刊）

日本側の規則では、今回、「第31吉進丸」が拿捕された海域での操業は禁止されている。１９９３年末頃から、中間線を越えて密漁する日本漁船に対して、ロシアの警備艇が発砲し、負傷者が発生する事例もあった。これで死者が出たら日露関係が決定的に悪化すると考えた日本政府は、ロシアに粘り強く働きかけ、98年5月、北方四島周辺の漁期、漁区、漁獲枠などを定めた安全操業協定（正式名称は「日本国政府とロシア連邦政府との間の海洋生物資源についての操業の分野における協力の若干の事項に関する協定」）が締結された。この協定の交渉は難航した。協定でロシアによる取り締まりを規定すると、日本が北方四島に対するロシアの管轄を認めることになり、北方四島が日本領であるという日本政府の原則的立場に抵触するためだ。結局、当時の東郷和彦欧亜局審議官（現淡江大学［台湾淡水市］客員教授）とサプリン露外務省第二アジア局次長が折衝を重ね、相互信頼の上で協定をまとめあげた。この協定には、日本政府は日本漁船が違反を行わないよう責任をもつので、ロシア側の取り締まりについて記さないということになり、日本政府の立場が完全に担保された画期的な協定になった。

同時に万一、日本漁船が越境操業した場合でも、拿捕、銃撃が生じるとたいへんな外交問題になるので、当該海域での行動は慎重に行ってほしいというロビー活動を日本外務省、モスクワの日本大使館は精力的に行った。当時、モスクワ大使館政務部長をつとめていた篠田研次公使（現シカゴ総領事）はロシア国境警備庁と良好な人脈を作り、2002年1月に訪露した鈴木宗男衆議院議員はトツキー国境警備庁長官と会談した。また、日露青年交流の枠組みを用いて、北方四島で勤務する将校を含む国境警備庁代表団を訪日招待し、海上保安庁関係者との交流を含む信頼関係強化のための努力をした。筆者も国境警備庁幹部や四島に勤務する将校たちと連日深夜までウオトカ、焼酎、ウイスキーを飲み干し、北方領土問題に関する理解を求めた。ロシア人もこの海域の特殊性を十分に理解した。ウラジオストクの国境警備庁責任者が「佐藤さん、こうやってお互いの顔が見えるようになると銃撃なんかできなくなるよ」と言っていたのが印象的だった。

トラブルは政治家に押しつけて責任逃れ

2002年4月、当時の川口順子外務大臣、竹内行夫事務次官が鈴木宗男衆議院議員に近いと目された官僚の粛清を行い、国境警備庁と良好な人脈をもっていた東郷和彦氏（当時オランダ大使）、森敏光氏（当時カザフスタン大使）という二人の優れたロシア専門家が免官になった。篠田氏をはじめとする日露提携論者も外務省内で身動きが取れなくなり、それに代わって、原田親仁欧州局長、松田邦紀ロシア課長のような不正蓄財や不祥事隠しで有名な不作為体質の外務官僚が「対露強硬論者」の装いで台頭してきた。東郷・森パージ以降、対露関係改善に意欲的な外交官はロシア担当から外されるか、例外的にロシア担当に残った場合でも、積極的な活動はできなくなった。

今回、原田・松田ラインは、「わが国固有の領土である北方領土の12カイリ水域（領海）内で起きたことは到底容認できず」（朝日新聞8月17日朝刊）という振りつけを麻生太郎外務大臣に対して行い、拳を出来るだけ高く振り上げさせようとしている。本件の処理は係争地域で起きているという微妙な問題であるので、現地事情や国際法に通暁した外交専門家が折衝にあたるのが適当であるにもかかわらず、原田・松田ラインは塩崎恭久外務副大臣をモスクワに派遣し、山中燁子《あきこ》外務大臣政務官を遺体引き取りのために国後島に派遣するなど、極力政治家を噛ませるべく腐心している。普段は政治家の介入を極力避け、官僚だけで物事を処理するというのが外務省文化だが、今回は異なる対応だ。

種明かしは簡単である。ロシアを担当して10年以上になる専門家ならばどんなに水準が低い外務官僚でも、拳を振り上げた場合、ロシア側が「事件の責任は密漁者たちと、密漁を見逃す日本の当局の側にある」という立場を崩さず、北方領土問題を巡って日露関係がきわめて険悪になることくらい予測できる。外務官僚はその責任を自ら負うことを避け、政治家に関係悪化の全責任を押しつけ、外務官僚のこれまでの不作為に対する責任を逃れようとしているのだ。

今回の原田・松田ラインの対応を見ていると、外務官僚のモラルが想像以上に低下していることがうかがわれる。

外務省がきわめて神経質になる「沖縄密約問題」

かつての外務官僚が別のモラルをもっていたことを痛感する経験が最近あった。前回連載（第４章「私が手を染めた『白紙領収書』作り」）で「実質的内容について、外務省が沖縄返還密約問題について神経質になっていることがよくわかった。敵が嫌がることを徹底的に行うのがインテリジェンス（諜報）の定石なので、この問題について筆者は研鑽をより深め、その成果の一部を『現代』で発表することにしたい」と予告しておいた。

沖縄返還密約問題とは、１９７１年６月に調印された沖縄返還協定で、アメリカの資産買い取りや、核兵器撤去費用として、日本側が支払う３億２０００万ドルのなかに、本来ならばアメリカが支払うべき軍用地の復元費４００万ドルを日本が肩代わりして盛り込む「密約」がなされていたとするものだ。この疑惑を報じたのは、毎日新聞記者（当時）の西山太吉氏。密約に関する極秘電文を流した外務省外務審議官付（秘書）の蓮見喜久子事務官（当時）は西山氏とともに国家公務員法違反（秘密漏洩、そそのかし）容疑で逮捕され、有罪判決を受けた。俗にいう「西山事件」である。

２０００年、この「密約」を裏付ける米公文書が発見され、当時の交渉担当者で、文書に署名した吉野文六元外務省アメリカ局長がこれを認める発言をした。しかし、日本政府および外務省は一貫して、現時点においても、その存在を否定している。

「真実」を知る証言者

去る7月26日、筆者は横浜市に赴き、吉野氏から直接話をうかがった。吉野氏は現在88歳であるが、記憶も鮮明で、論旨の通った話をされる。インタビュー時間は2時間半になり、沖縄密約問題以外にも吉野氏が青年外交官としてベルリンの日本大使館地下壕で12名の残留隊として最後まで残り（大島浩大使以下の幹部外交官は安全なドイツ南部に疎開）、ナチス・ドイツの崩壊を目の当たりにしたことなど興味深い話をうかがったが、紙幅の関係で今回紹介できないのが残念である。

〈佐藤　日本の国益を考える場合、真実を歴史にきちんと残しておくことがすごく重要だと思うんです。現在、私は刑事被告人という立場に置かれていますが、外務省の友人たちからもときどき連絡がきます。外務省内で公言はできないが、みんな吉野さんの勇気に感動している。当時、国益のためにはああいった密約を結ばざるを得なかった。アメリカは議会が沖縄返還に関連した追加的予算を出せないということなんですから。その状況で、あそこで密約をしなければ、沖縄返還交渉自体が根本から崩れてしまう危険があった。そこは吉野さんの苦渋の選択だったんじゃないかなと私は見ています。すでに99年の時点で政策研究大学院大学のオーラルヒストリーの報告書に、吉野さんは密約の存在について証言されている。その後、2000年、米公文書館（ナショナル・アーカイブ）で71年6月12日付の「スナイダー米公使・吉野文六局長会談議事要旨」という「B・Y」のサイン入り文書が発見され、その後、ジャーナリズムでも沖縄密約について真実を証言されることになったと理解しております。

吉野　いや、まあ、結果的に見ればそういうことになるかもわかりませんが、僕はそれほど大それた考えではありません。結局、私の署名なり、イニシャルのついた文書が、アメリカで発見されまして、これはおまえのサインじゃないか、イニシャルじゃないかと言われたら、肯定せざるを得ないという話です。

ご存じのように、アメリカでは30年という一定の期間が経つと、たいていの外交文書はナショナル・アーカイブに入り公表されます。いずれはこの文書もそのように扱われ、世に明るみに出るという覚悟は出来ていました。だから、たしか昨年の暮れだったと思いますが、新聞記者がその文書のコピーを持参して、「これはあなたのサインではないか」と確認されたら、「私のものではない」とは言えないわけです。〉

吉野氏に偽証を促していた外務省

〈佐藤　2000年にあの文書が発見されて問題になったときに、当時の河野洋平外務大臣から電話があったということをおっしゃっていましたね。
吉野　ええ。
佐藤　最初は、事務のほうから連絡があったんですか。
吉野　事務のほうからも連絡があったわけですが……。
佐藤　いきなり大臣からはかかってこないですもんね。
吉野　いや、河野さんとはよく知っている間柄ですよ。河野さんのおやじさん（河野一郎元農相）は私がアメリカにいたときに、PL・480という、余剰農産物交渉を2年ばかりやったんですよ。そのときに河野（一郎）さんの秘書としてついてきたのかどうか憶えておりませんが、前から知っておりますから、彼が僕のところへ直接電話をかけてきてもちっとも不思議じゃないんです。〉

吉野氏が「事務のほうからも連絡があった」と証言していることは重い。朝日新聞のインタビュー（２００６年2月24日朝刊）において、「２０００年に密約を裏付ける米公文書の存在が報道された際、河野元外相とどんなやりとりを」との質問に対して、吉野氏は「河野さんからは『とにかく否定してくれ』と言われた」と答えている。吉野氏はこの要請に応え「密約は存在しない」と事実と異なることを述べたのである。

この記事をもとに鈴木宗男衆議院議員（地域政党大地代表）が質問主意書を提出した。「平成12（２０００）年に河野洋平外務大臣（当時）が吉野氏に電話で『密約問題』について照会を行ったという事実があるか。事実があるとするならば、その電話による照会は外務省事務当局が外務大臣に依頼して行ったものか」という鈴木氏の質問に対し、内閣は答弁書で、「外務省としては、御指摘の元アメリカ局長の発言の内容については承知していないが、平成14年7月4日の参議院外交防衛委員会において川口外務大臣（当時）が答弁しているとおり、河野外務大臣（当時）が元アメリカ局長に密約は存在しないことを確認したと承知しており、河野外務大臣が御指摘のような要請を行ったとは承知していない」（「１９７１年沖縄返還協定を巡る日米密約に関する再質問に対する答弁書」、第１６４回国会衆議院質問番号１０５、質問提出年月日２００６年2月24日、答弁書受領年月日同年3月7日）と答えており、外務省は河野氏の要請について「承知していない」とシラを切り、善意の第三者のような顔をしている。

しかし、吉野氏が事務当局からの連絡があったという事実を証言したことで、外務省が組織として吉野氏に「密約は存在しない」という偽証を促したことが明らかになった。

首相以下、政府全体が国民にウソをついていた

では、外務省がその存在をかたくなに認めようとしない「密約」が、水面下でどのようにして交わされたのか。吉野氏が当時の舞台裏を詳細に証言する。

〈吉野　沖縄協定に関して言えば、われわれ（外務省）は、沖縄はただで返還されるという考え方を持っていました。もちろん、表向き「無償」とははっきり言わないんですが、それは結構なことではないかと思っていました。本当の沖縄協定の核心は、米軍基地を減らしてもらうこと。これが一番重要な交渉の中心であるべきなんです。しかし、それにはともかくアメリカから一日でも早く沖縄が返還されないと話にならない。しかも、そのうえで無償でということであれば、なおさら結構だと考えていま

した。しかし、よく考えてみますと、戦争で敗けた国が領土をもう一回取り返すということが仮にあるとするならば、それが無償で返ってくるということは珍しいわけですよね。

佐藤　本来、武器を持って取られたものは、武器を持って取り返すというのが一昔前の国際社会の常識でした。しかし、今ではそれはできないわけで。

吉野　ええ。のみならず、勝敗が決まったとか決まらないというような戦争でも、近代戦争においては、戦場で荒らされた土地というのは、戦勝国も敗戦国も放置しておいて、それを長い時間をかけて原状回復させるのは、土地に住む住民たちでした。ですから、当初は、ただで沖縄が返ってくるということ自体に、われわれも非常に喜んでおりましたし、その前提でアメリカと交渉していました。

ところが、交渉の最後の段階において、大蔵省がこれだけかかりましたと言ってきた。これはわれわれ大蔵省がアメリカと一生懸命に（交渉して）値切った末に出てきた数字だから呑んでくれというツケが回ってきたんですよ。

佐藤　これは外務省と別に大蔵省が交渉したんですか。

吉野　大蔵省はいつでもそうですが、初めから、こと金銭に関する外国との交渉においては外務省を介入させせない。

佐藤　そのへんは外交一元化と言っても、なかなかそうはいかない。

吉野　そうそう。そこで最後の段階でそういうことを言ってきましたから、いまごろになってと、僕らは怒った。だいたいこれはただで返ってくるという前提でわれわれは交渉していたんだと抗議したんです。けれど、考えてみますと、アメリカの経済事情というのは当時、非常に悪かったんですよ。当時はまだドルが兌換《だかん》通貨であったし、1ドルが360円だった。ベトナム戦争が末期の状況で、日本はベトナム特需でたいへん儲けていた。そんななかにおいてアメリカにはカネがない。アメリカ国内からは、沖縄はいま返す必要はないじゃないかという一部の議員の声も聞こえてきましたからね。そういう事情を考慮すると、大蔵省の言ってきたことも理解できないことはない。しかも、その前にもう、われわれの上のほうではOKが出ていた。当時の福田（赳夫）大蔵大臣や、愛知（揆一）外務大臣――愛知さんは大蔵出身の人ですけれど、彼らは「ウン」と言っていたんです。

佐藤　では沖縄協定の「密約」は、当然、愛知大臣だけでなく、佐藤（栄作）総理大臣もご存じだったわけですね。

吉野　ええ。むしろそういう重大事項になってくると、われわれのところで「否」とか「ウン」とは言えないわけですから。

交渉と言うものは、事務的にはある程度固めていきますけれども、重要な決定事項に関しては、結局、上のほうが承認しないことには始まりません。ひとたび「イエス」と言われたら、われわれは大臣の下で働いているんだから、それに従わざるをえない。そういう単純な話なんです。〉

外務省が強調する「外交一元化」は当時から空洞化しており、大蔵省が外務省を無視して独自にアメリカと交渉し、その結果をまず政治指導部に承認させ、それを追認せざるを得ない状況に外務省を追い込んでいく経緯がよくわかる。沖縄密約についての、佐藤栄作総理、愛知揆一外務大臣、福田赳夫大蔵大臣も当然承知していたという証言がもつ意味も重い。当時、内閣総理大臣以下、政府全体が沖縄密約に関して事実と異なる説明を国民にしていたのである。

密約電報の流出時には辞職を覚悟していた

〈佐藤　「西山事件」についてお話をうかがいたいのですが。

吉野　電報が漏れたことは、アメリカ側と一生懸命交渉にあたっていたわれわれにとっては、非常にショックでした。あの当時、電報というのは、記録のために書いて、ワシントンの駐米大使に送っていました。そのころ、いわゆる公式な記録というものはなにもなくて、またわれわれも自分自身で書くにはあまりに忙しすぎたから……。

佐藤　事務官を同席させた。

吉野　事務官が電報文を書いて、私がサインして、それをアメリカへ送って、それが記録に残るわけですね。

「密約」「密約」と、西山事件が起きたからそういうことをおっしゃいますが、あのころ交渉していた事項はみんな「密約」というのか、外交秘密ですよね。その交渉のなかで、いわゆるみなさんが認識している「密約」というのは、アメリカが土地の復元費として払わない部分の400万ドルを日本が肩代わりをすると約束したことを指す。ただ、そのカネはアメリカが簡単に受け取るわけにはいかないカネでした。議会に対して説明がつかないからという理由です。そこでその400万ドルは米信託基金設立のために確保しておくということにすれば、アメリカ側にとっても通りがいいのではないかという案が、アメリカ側から浮上したのです。

71年6月9日にパリでおこなわれた愛知大臣とロジャーズ米国務長官との会談が交渉の最終段階となりました。返還交渉の事実上の妥結を見たわけです。その会談に偶然ほかの会議でパリに行っていた僕が陪席していたんです。その会談記録が電報になったものを、蓮見さんが外務省から持ち出し、西山さんが入手した。72年3月、衆院予算委で（社会党の）横路孝弘議員が密約の存在を追及して、この事件が明らかになったとき、僕は非常に心配しました。ですから、局員を呼び集めてこう告げたんです。「どうも僕らの主管の電報ではあるけれども、僕の局から直接出たとは信じない。しかし、万一そういうことがあれば、私は辞職するから、皆さん、そういうつもりで仕事してください」。そして、横路さんに直接会いにいきました。
佐藤　じゃ、横路さんに会いにいく前に局員を集めて、自分はもう腹を切るつもりがあると。そこは覚悟されていたわけですね。もし情報漏洩があったとしたら――。
吉野　言った以上は、もちろんそのつもりですね。われわれにとっては前代未聞のことであり、それほど重大だったんです。ことに電報が出てしまったということは。〉

優秀な外務官僚は政治家を使いこなす

秘密文書を外部に流した場合、クビになるというのは外務省の常識だった。この常識が崩れたのが２００２年の鈴木宗男騒動のときだ。一部の外務官僚が鈴木氏や東郷和彦氏たちを葬り去る目的で、秘密文書を共産党や民主党に流した。外務省はこの事件に対する調査をまじめに行わず、その後、「外務省の秘密文書は外に漏れる」というのが常識になり、極秘事項をあえて公文書に残さない外務官僚が増えている。

〈佐藤　横路さんのことは以前からご存じなんですか。

吉野　もちろん国会ではいろいろ質問していましたから、そういう意味では知っていましたけれども、その仲介の意味で自民党の国会運営委員会の二階堂（進）先生と竹下（登）先生が同行してくれたと憶えております。横路さんに対して、私は「それは外務省の電報ではないと思います」と言いました。すると、横路さんは自分から電報を出そうとせず、私（吉野氏）の方がまず電報を出しなさいと言うのです。私は「横路先生、あなたが先に出してください」と言い張りましたら、入手していた電報を出してきました。そしたら、第1ページがないわけですよ。

佐藤　決裁欄のあるところが消えているわけですね。

吉野　第1ページも出してくださいと言うと、「第1ページは必要ない」と彼は言う。けれども、われわれにとっては、非常に重大なところだと粘ったんです。そのページを見れば、情報の出所はある程度特定できる。そして出してきた第1ページを見ると、そこに僕のサインはあったのですが、その上の安川（壮《たけし》）外務審議官、次官などのサインは書かれていない。だから私は、「ああ、これは安川さんなんかに回ったはずなんだけど、（サインは）ないですか」と言ったら、横路さんは慌てて引っ込めました。
佐藤　そこでわかったわけですか。
吉野　そこでわかった。
佐藤　要するに、吉野さんは当然、主管局だから一番最初に決裁すると。それで、決裁すれば見たよというサインがあるんだけれども、この電報が明らかに上に回っているものであるにもかかわらず、吉野さんのサインだけで、その先のところがないと。次は安川外務審議官のところにいっているはずなのにそこで止まっていると。
吉野　「（サインが）ない」と言ったら、横路さんは電報を慌てて引っ込めて、「そんなこと関係なくて、もっと本質が重要じゃないか」と論を変えようとした。
佐藤　しかし、われわれにとってはむしろその1ページ目が本質ですからね、情報漏洩という観点からすると。
吉野　ええ。
佐藤　しかし、これはすごいインテリジェンス能力ではないですか。1ページ目を見せろと言って、そこをちゃんとチェックするというのは。

吉野　いや、それは偶然です。電報の証拠をつかもうと思って、私は時間稼ぎのためにそういうやりとりをしたまでです。〉

重要事項なので、後で横路衆議院議員と「言った、言わない」の議論になった場合に備えて自民党の有力政治家である二階堂進氏と竹下登氏を同行させるなどという仕掛けは、月並みな外務官僚にはできない。吉野氏が外務省の中でも政治家を使いこなす能力が高い幹部であったことがうかがわれる。そして、決裁欄を確認し、漏洩部署を特定する手法も見事だ。

〈吉野　(外務)省に帰りましたら、人事課長から電話がかかってきたんです。ちょうど安川外務審議官付きの秘書だった蓮見さんが人事課へ来て、私がやったと告白してきたという内容でした。
佐藤　そうすると、吉野さんが横路さんの事務所でチェックしてくるのとちょうど同時に……。
吉野　ええ。
佐藤　吉野さんが横路さんのところでチェックした結果を突きつけて、蓮見さんに認めさせたわけではなくて、蓮見さんが自主的に申告してきたわけですね。

吉野　それでもう話は解決したんですよ。一番喜ばしかったのは、僕の局からは漏れていなかったということです。

まあ、そういうことで話は僕にとってはうまくいったわけです。「西山事件」を巡るあとの裁判沙汰は、僕の知ったことじゃないんですよ。

佐藤　外務省としては規律の問題がありますから。もちろん吉野さんとしては「国民の知る権利」の重要性はわかっている。西山さんが有能な記者で、職業的良心に従って外務省の秘密情報を抜くのは当然だ。しかし官僚には官僚の掟がある。自分は官僚である以上、非情になってその掟に従わなくてはならないということですね。

吉野　（うなずく）僕にとってはそこで終わったんです。〉

「400万ドル」の裏で「3億2000万ドル」が消えた

吉野氏の発言は、さらに密約問題の核心に迫っていく。

〈吉野　西山事件が起きたために、土地の復元費用を肩代わりする「400万ドル」

の密約だけが大写しになりましたが、これは機密のごく一部にすぎない。問題なのは、沖縄返還にあたって3億2000万ドルという、国際法上、初めは日本が払わなくてもいいと思っていた巨額が協定に載るような結果になったということです（沖縄返還協定第7条に明記）。その内訳は大蔵省が先方の担当官と交渉した結果ではあるけれども、一つ一つ積み上げて精査されたような額ではありません。

佐藤　400万ドルの陰に、その80倍にあたる3億2000万ドルが消えてしまったわけですね。

吉野　そう。400万ドルの復元費用の肩代わりは機密のごく一部にすぎない。沖縄協定の公表されてない交渉内容のなかには、もっと重要で、もっとカネのかかった問題がたくさんあっただろうと僕は思っています。〉

400万ドルの「小さな密約」のおかげで、本来日本が支払う必要のなかった3億2000万ドルという「大きな密約」に焦点があたらなくなったという吉野氏の指摘は興味深い。400万ドルの密約が表に出てしまい、マスコミや世論が沸騰しているのを外務官僚は逆利用し、その80倍にあたる筋論からすれば日本政府が払う必要のないカネをアメリカ政府に支払うという「大きな密約」を見事に隠蔽してしまったのである。

沖縄返還交渉の事務方責任者であった吉野氏が協定第７条に書かれた３億２０００万ドルの内訳について、「その内訳は大蔵省が先方の担当官と交渉した結果ではあるけれども、一つ一つ積み上げて精査されたような額ではありません」、要するに「摑み金」であったと証言したことのもつ意味も重い。

外交がきれいごとだけでは済まないことを吉野証言は如実に示している。仮に「摑み金」を出すことを日本が拒絶したらどうなっていたのであろうか。当時のアメリカ議会の状況からして、沖縄返還が実現できなくなるとの認識を日本の政治指導部と官僚は持ち、ぎりぎりの決断をしたのだと思う。このような情勢認識と決断が正しかったか否かについて評価するのは歴史家の課題であろう。

〈佐藤　４００万ドル以外に、これまで明らかにされていない密約で支払われたカネにはどのようなものがありますか。

吉野　たとえば、アメリカの政府系ラジオ局「ボイス・オブ・アメリカ（以下、ＶＯＡ）」の移転については、僕にとっては土地の復元費用の交渉よりも、ずっと大きな交渉でした。沖縄は主権国家の一部になったんだから、５年間のうちにＶＯＡをどこかに移転してくれ、と要求しました。しかし、あちらは、まず第一にカネがない、第二にどこへ移転させるんだ、第三に、沖縄に中継地を置いておくことが地理的にも都合がいい、とさまざまな言い分を言ってきました。

佐藤　いわば宣伝謀略放送ですからね。

吉野　ともかく沖縄は日本の領土になったのだから、沖縄を拠点として、外国の政府宣伝が放送されるのは矛盾している。だから持っていけと。とうとうアメリカは承諾しましたが。主権国家が電波を独占することは、当然のことです。アメリカ側も、独立国にVOAを置くわけにはいかんというわれわれの主張に同意せざるを得なかったと思いますがね。

VOAは、単にアメリカの宣伝放送を流していただけではなくて、対岸の中国の情報を傍受していたんです。そういうこともあるから、沖縄は都合のいい場所ではあったんです。結局、それを他国に移転するかわりに、そのための費用は日本が持てということになった。しかし、この負担額については協定には書かれていません。〉

「核の撤去費用」はなぜ盛り込まれたか

〈吉野　もう一つ、大きな問題があります。それは3億2000万ドルの内訳に明記されていた「核の撤去費用」です。しかし、初めから日本が沖縄の主権を持つようになれば、日本は「核なし主義」をとっていますから、日本側が負担せずとも、アメリカは撤去するつもりでいたと思います。
佐藤　核なし本土並みということですからね。
吉野　しかし、当時、野党は依然として沖縄には核が残るだろうとか、あそこの倉庫の中に核が眠っているとか、いろいろなことを言う。そこで、そのための費用を協定に盛れば、その費用まで出したんだからアメリカは核を持ち去ったんだと、野党は信ずるだろうというような気持ちがあったんです。ちょうどアメリカ側もちょっとカネを出せと言っていましたから、日本にとっても渡りに舟だった。本当はカネを出す必要なんてないんですよ。アメリカの武器なんですから、黙っていたって持っていくなり、どうかしていたでしょう。けれども、核を撤去したというカネが協定上に出てくれば、野党を黙らせることができる。幸いに米国側がそれをある程度請求したらしい

から、それはいいと考えたのでしょう。〉

インテリジェンス活動に従事するVOAを沖縄から撤去させるための努力も、日米同盟の中でも譲ってはいけない国家主権の問題があるという吉野氏の愛国心に裏打ちされたものだ。公式には沖縄駐留米軍が核兵器をもっているか否かを明らかにしていない状況で「核の撤去費用」を内訳に入れるのは不透明な支出と言わざるをえない。しかし、「核の撤去費用」を文書に書き込ませることによって核撤去を担保するということで、吉野氏は「費用まで出したんだからアメリカは核を持ち去ったんだと、野党は信ずるだろう」と計算する。本来不必要な経費負担を逆用して、野党対策をするという発想自体、吉野氏が政治感覚に優れた外交官であることをうかがわせる。

国民に嘘をつく国家は滅びる

〈佐藤　それで時代は下った話になるんですが、実は2002年7月4日の国会答弁（参議院外交防衛委員会）で、ふたたび吉野さんの名前が出るんですよ。当時の川口順子外務大臣は「（アメリカの外交文書で密約が明らかになったと2000年に報道された後）当時の河野洋平外務大臣が、元アメリカ局長でこの問題にかかわった吉野（文六）氏に直接話をされて、密約は存在しないということを確認済みでございます」という答弁をしている。そして今年に入ってからも鈴木宗男さんの質問主意書に対して、前に述べたように「外務省としては、御指摘の元アメリカ局長の発言の内容については承知していない」などという吉野さんがリスクを冒して行った証言を無視し、沖縄密約はなかったと強弁している。

吉野　そうですか。

佐藤　この期に及んで、アメリカから公文書が出てきて、当事者である吉野さんがそういった約束があったということを言っているにもかかわらず、なぜ外務省が事実を明らかにしないのか、私には理解できません。ここで事実を明らかにしたほうが国民の外交に対する信頼は増すと思うんです。

吉野　沖縄協定は氷山の一角で、外務省にはまだ公表していない、あるいは公表すると差し支えがあると思うような、協定がほかにもあるでしょう。外務省がアメリカ式に30年ごとに公表することができないセット・アップであるならば、現段階では僕はそれでいい、仕方がないことだと思います。しかし、いずれは日本も30年とは言わないまでも、40年、50年を経た文書は公表されていくだろうと思っていますがね。それ

はあなたの言われる歴史の真実を伝えるためにそういうことをしていかなければならないだろうと、僕は思うんです。〉

吉野氏が「沖縄協定は氷山の一角で、外務省にはまだ公表していない、あるいは公表すると差し支えがあると思うような、協定がほかにもあるでしょう」と述べていることの意味は重い。1972年の沖縄返還から既に34年が経過した。沖縄密約に関連する文書を公開しても日本の国益が侵害されることはない。

外交官は国民と歴史に対して謙虚でなければならない。重要な外交交渉について真実の記録を残さないという現下外務官僚の為体《ていたらく》が外務省の隠蔽体質を助長し、犯罪を多発させる温床になっているのだと思う。

吉野文六氏は青年外交官として見たナチス・ドイツ第三帝国の崩壊の姿から学んだ「国民に嘘をつく国家は滅びる」という歴史の法則を、沖縄密約に関する証言をリスクを冒して行うことで、後輩の外交官たちに伝えようとしているように筆者には見えた。

第6章

沖縄密約——日本を奇妙な国家にした原点

「記述されない歴史」の重要性

筆者は現役外交官時代、北方領土交渉をはじめとする対ロシア外交に従事することが多かったが、そのときいつも心の底で沖縄のことを考えていた。それは筆者自身の出自と関係している。

筆者の母は沖縄県久米島出身で、沖縄戦当時14歳の女学生であったが、第62師団（通称「石部隊《いし》」）の軍属として従軍した。首里郊外の前田高地の激戦でも奇跡的に生き残り、抵抗を続け、1945年6月23日に沖縄守備隊の最高責任者である第32軍の牛島満中将と長勇《ちょういさむ》参謀長が摩文仁《まぶに》の丘で自決し、日本軍が組織的抵抗を終えた後も3日間、摩文仁の海岸の十数名の日本兵とともに壕に隠れた。最後に米兵が壕にやってきて投降を勧告したとき母は自決用に支給された手榴弾のピンを抜いたが、栓を岩に叩きつけて信管に点火することを躊躇しているすきに隣にいたひげ面の伍長が手を上げ、降伏し、捕虜になった。筆者は子供の頃から沖縄戦について母からさまざまな話を聞いた。司令部の壕で通信兵が暗号電報を受信し、「これから戦艦大和が沖縄を助けにくる」と伝えてきた話や、弾が降る中、母の上に覆い被さり、命を守ってくれた兵士の話などが印象に残っている。

戦後、母は久米島に戻り、現地で日本海軍守備隊によってスパイ容疑で子供を含め20名を越える住民が殺害された事件（いわゆる久米島虐殺事件）を知り、愕然とする。殺された中には母の縁者や近所に住みよく知っていた朝鮮人一家もいた。連載のテーマと離れるので、これ以上立ち入らないが、久米島虐殺事件については大島幸夫『沖縄の日本軍　久米島虐殺の記録』（新泉社、1975年）に詳しい。

沖縄戦にかかわる母の見聞について子供の頃から聞かされるうちに、筆者の中で学校で教えられる「公式の歴史」と家庭で伝承される「記述されない歴史」に乖離が生じてきた。戦争をめぐる「記述されない歴史」を通じてナショナリズムが形成されることを筆者は皮膚感覚で覚えた。このことは後にソ連でアゼルバイジャン人、リトアニア人、ラトビア人などの民族独立運動活動家の心情を理解するときに役に立った。1995年に帰国し、北方領土交渉により深く関与するようになってからは、根室を頻繁に訪れ、北方四島の元島民やその2世、3世の人々と胸襟を開いて話をするようになった。そのときにかつて母や沖縄の親戚から「記述されない歴史」について聞いたときのことを思い出した。北方四島の元島民たちはソ連軍が入ってきて苦しい体験をしたことについては口を閉ざしてしまう。北方四島から引き揚げてきたときの記録を読んでも、本当につらかった思いについては文字になっていない。ここにも「記述されない歴史」があるのだということを痛感した。

現役外交官時代、「記述されない歴史」への思いを、親しくしている同僚には話した。外務省には日本人以外の血を持つ外交官がときどきいる。このような外交官は筆者の気持ちをよく理解してくれた。

特に東郷和彦氏（元オランダ大使）が「僕にとってもあなたにとっても、日本人というのは自明の概念ではなく、日本人になっていくということが重要なのですね」といわれたことが印象に残っている。東郷氏の祖父・東郷茂徳は外務大臣をつとめたが、豊臣秀吉が朝鮮半島に出兵したときに連れ帰った朝鮮人陶芸家集団の末裔である。明治初期までは朴という苗字だった。

最近、一時帰国した東郷和彦氏と筆者は何回か酒を酌み交わして話をした。4年半前の鈴木宗男疑惑に巻き込まれ、外交の現場から去ることを余儀なくされて学者に転身した東郷氏には、朝鮮人、ドイツ人、ユダヤ人の血が流れるが、氏は現在、真の日本人であるとはどういうことかについて、アカデミックな観点から真摯に思索を進めている。筆者は、日本国家の在り方、伝統的言葉でいうならば国体論に関心をもち、21世紀に通用する言説を構築したいと考えている。そのためには筆者自身が沖縄を避けてはならないという思いが強くなってきた。

「西山記者事件」がもつ意味

稲嶺恵一知事の任期満了にともなう沖縄知事選（11月2日告示、同19日投開票）の最大の争点は米軍再編問題だ。米海兵隊のグアム移転に対して、総移転費の6割（約7000億円）を日本が負担することで最終合意した。しかし、実際に米軍再編に対して日本が支払う額は通年で260億ドル（約3兆円）といわれている。これは国民に十分な過程の説明がなされずに決まった。『月刊現代』2006年10月号の連載（本書第5章「『沖縄密約』最後の封印を解く」）で取り上げた元外務省アメリカ局長の吉野文六氏の証言から、法的には支払う根拠のない〝思いやり予算〟の原点は1971年6月の沖縄返還交渉の過程に遡ることが明らかになった。

そもそもこの実態を明らかにしたのは、協定調印直後の当時毎日新聞記者の西山太吉氏によるスクープだった。本来ならば米国が負担すべき土地の原状回復補償費400万ドル（当時のレートで約12億3000万円）を米国側が支払うようにみせかけ、日本が肩代わりする——この〝密約〟に関する極秘電報（公電）を西山氏は、外務省外務審議官付（秘書）の蓮見喜久子事務官（当時）を通して入手した。1972年3月、社会党の横路孝弘衆議院議員が国会で、この電文のコピーを手に政府の責任を追及。翌月、警視庁は西山記者と蓮見事務官を国家公務員法のそそのかしと秘密漏洩の容疑で逮捕し、既に二人の有罪判決が確定している。いわゆる「西山記者事件」だ。

本件は政治サイドと検察の意図的かつ巧みな情報操作によって、蓮見事務官と肉体関係をもった西山氏の取材方法論に論点がすり替えられ、マスコミは起訴状の「ひそかに情を通じて」の文句をセンセーショナルにあおり、「国民の知る権利」に関する議論は脇に措かれた。沖縄に過度の安全保障上の負担を負わせる構造問題のみならず、国策捜査、政府と報道機関の関係など、その後の日本の方向性を決める分水嶺に西山記者事件はなっている。

西山太吉氏は昨2005年春、国を相手に「密約を知りながら違法な起訴で名誉を傷つけられた」などとして、謝罪と損害賠償を求めた民事訴訟を東京地裁に起こした。西山氏の証言を検証することが、沖縄問題、国策捜査、マスメディア論のいずれの観点からも不可欠と考える筆者に西山氏はこころよく時間を割いてくださった。2006年8月30日に都内で行った西山氏と筆者の対論をここで紹介し、読者とともに「われわれはこのような内在的論理をもった奇妙な国家で生活しているのだ」ということについて考えてみたい。

〈佐藤　当時、国家は「密約は存在しない」と嘘をつき、西山さんを逮捕しました。1974年1月の東京地裁では無罪（蓮見氏は懲役6ヵ月、執行猶予1年）、二審は懲役4ヵ月、執行猶予1年。そして、最高裁は西山さんの上告を棄却し、78年に有罪が確定。記者活動も断念せざるをえなかった西山さんは30年近くも汚名を着せられたままでした。

しかし、00年、対米支払いの400万ドルを裏付ける米公文書が発見されたことで事態は急展開しました。02年には「日米間の密約」と明記された米公文書の存在が明らかになり、さらに、今年に入り、当時の交渉担当者で文書に署名をした吉野文六元外務省アメリカ局長が新聞各紙などの取材に「密約」を認める発言をした。西山さんのスクープが事実だったことが証明されたわけですが、いまなお、国家および外務省は西山さんに謝罪することはおろか、密約の存在を認めようとはしない。ここには日本という国家が国民に嘘をつき続けているという病巣が浮かび上がります。私は「嘘をつく国家」の内在論理を解明し、いちど壊して再構築しなければいけないと考えています。西山さんは、現在、東京地裁で国家賠償請求訴訟（国賠訴）を起こしていらっしゃいますね。西山さんの意図は、単なるご自身の名誉の回復だけではない。もっと深いところで、「西山記者事件」から日本が抱えてきた病巣を人々の前でふたたび

明らかにすることによって、次の世代の日本人に解決する材料を提供しなければならないという覚悟が見えるんです。〉

沖縄返還協定から、日本の安全保障は変質を遂げた

〈西山　自分を制御する要因がたくさんあっても、あえて訴訟に踏み切ったのは、結局、この問題が極めて今日的な問題だからです。沖縄返還時におけるあの密約が原点となって、その後大きな後遺症を現在に残してしまった。国内における米軍基地の問題、そして金の問題と相乗的に、巨大な負担が日本に生じている。あの協定によって、日米関係、日本の安全保障関係自体が変質したのです。そしてそれは今日に至るまで、なにも修正されることなく、また牽制されることもなく、集大成化された。それが、今回の米海兵隊のグアム移転の問題に象徴されるような事態を招いている。だから私は、「密約」の真実の再追及をいま提起することに現代的価値があると思っています。

佐藤　その認識・評価とも、西山さんとまったく同じです。しかし、それに外務省は

新たな犯罪を付け加えた。それは偽計業務妨害です。私は背任と偽計業務妨害容疑で起訴されたので、偽計業務妨害の構成について勉強せざるをえなくなったのですが、この犯罪は平たい言葉でいえば、悪巧みをして他人の仕事を妨害することです。2000年に米公文書が明らかになった当時、外務官僚は河野洋平外務大臣（当時）をして、吉野氏に嘘の説明をするように電話を入れさせた。これは悪巧み、つまり偽計です。そして、2002年7月4日の参議院外交防衛委員会において、川口順子外務大臣（当時）が、「当時の河野外務大臣が、元アメリカ局長でこの問題にかかわった吉野（文六）元局長に直接話をされて、密約は存在しないということを確認済みでございます」と答弁した。国会議員の仕事は質疑で真実を明らかにすることです。しかし、外務官僚は川口順子さんとグルになって、国会質疑で真実を明らかにするという国会議員の業務を妨害した。

この川口答弁以降、フェーズは変わった。つまり、2002年の時点でふたたび日本政府は国会の場で明示的に、しかも元のアメリカ局長を巻き込むかたちで、偽計業務妨害というひとつの犯罪をおこなったわけです。

西山　それはたしかに偽計業務妨害でしょう。そもそも沖縄返還協定自体が違法性のあるものです。私は国賠訴の陳述書に次のように書いた。

「(略) 当時の政府は施政権返還の態様を美化するため、各種の代償部分を知られないようにと、懸命の情報操作を展開した(筆者注:吉野氏も、「あまりにきれいごとをやろうとしたことが根本的問題だと思います」と述べている)。この情報操作の工作は、1969年の佐藤・ニクソン共同声明から返還協定作成までの間、継続して実行され、最終的には外交交渉の結果である協定案の虚偽公文書作成・同行使、憲法73条3号違反(筆者注:内容虚偽の協定4条3項・7条の国会への上程と国会への上程・審議・承認を経ない密約の締結)、偽計業務妨害、背任ないし詐欺という組織犯罪の形で完結する」

私に対しておこなわれた刑事裁判は、こうした非合法な反民主的情報操作の延長線上にあったと認識しています。そして裁判においては、国側はすべて偽証したものを証拠として提出した。私は東京地裁の一審では無罪になりましたが、そのとき、山本卓裁判長は判決文で「日本側が実質的に負担するという合意が成立していたのではないかという合理的疑惑が存在することは否定し得ない」と述べた。つまり裁判所は密約の存在をどうしても認めざるを得ないから認めた。しかし、このときですら、それと同時に密約の「違法性は認めがたい」という判定も下した。のちに米公文書で明らかになった日米間の秘密書簡について、「発出していない」と否定した検察側証人の吉野氏の偽証も理由のひとつになっています。

佐藤　憲法が保障する「法の下の平等」による、公平な裁判、すなわち、厳密な証拠に基づく裁判を受ける権利を有しているにもかかわらず、すべての証拠がゆがめられたまま、最高裁の有罪判決となったのですね。

西山　そうです。結局あのときの偽計及び偽証、業務妨害という国家犯罪が、さきほど指した川口答弁のように、いまでも完全に同じスタイルで、同じ対応をもって、もう一回再生産されているんです。〉

沖縄密約は「佐藤4選」のために進められた

毎日新聞社を去り、ペンを折った西山氏は北九州市の実家に戻った。父が興して親類が継いだ青果会社に勤務し、1991年に60歳で定年退職。2000年5月29日、琉球大学の我部《がべ》政明教授が米国立公文書館から入手した文書のなかから、「密約」を裏付ける公文書を発見したことが新聞に報道されて転機が訪れた。

西山氏は山口県生まれ、慶應大学法学部と大学院で学んだ。学部時代は全塾自治委員長をつとめ、大学院での修士論文は「ベトナム革命論」。西山氏自らが「新聞記者になるために生まれてきたとよくいわれた」と言うように、高校時代から新聞記者を志望していた。

毎日新聞社時代の西山氏は、首相官邸、自民党と外務省を担当。政治家や官僚たちに食い込み、米原潜の日本への初寄港など特ダネを抜いたスクープ記者。外務省でも法眼《ほうげん》晋作事務次官、曾野明情報文化局長、そして先述の秘密電報を漏洩した蓮見氏の上司、安川壮外務審議官などの有力外務官僚に深く食い込む。外務官僚は西山氏の政界情報を重用したのである。

〈佐藤　西山さんは国賠訴の陳述書を執筆するにあたって、沖縄返還協定に関する大量の米公文書を集められ、丹念に分析されたとうかがっています。

西山　ええ。とくに新たな発見があったのは、1972年5月15日に実現した沖縄返還の2ヵ月後に、米国務省が3人の情報関係の専門家に日米間の交渉のプロセスをまとめさせた「沖縄返還—省庁間調整のケース・スタディ」です。この文書によってわかるのは、1969年11月の佐藤栄作首相とニクソン米大統領の共同声明の時点で、72年の沖縄返還が決定しただけでなく、返還交渉の骨格というものが全部固まっていたということなんです。基地機能の自由使用の問題のほかに、緊急時にあっては沖縄へ核を持ち込むという秘密合意議事録に両首脳が署名していたことも記されている。

この「核密約」については、当時佐藤首相の密使として、キッシンジャー米大統領補佐官と交渉した若泉敬元京都産業大学教授が、1994年5月の段階で暴露しています。そして、沖縄返還協定の核心となる対米支払い等の財政的問題についても、このときすでに舞台裏では5億ドル以上という額で大蔵省と米財務省双方の合意ができていた。

にもかかわらず、日本側の提案によって、当時の共同声明のなかにはこの事実は一切盛り込まれませんでした。文書のなかには、当時の福田赳夫蔵相が漏らした日本政府の本音が記されています。『沖縄を買い取った』との印象を与えたくない」。ここです。ここから交渉結果そのものを国民の目から隠蔽しようという国家組織犯罪へと発展していくのです。

佐藤　この沖縄密約は、沖縄返還の過程においてある程度の妥協として必要だったのかもしれない。だから密約自体については、沖縄返還のためやむをえなかったと外務省が言うならば、その主張にはそれなりの国益観に基づく道理があると思います。しかし、真実が何であったかということについて現時点で積極的な嘘をつくというのは別問題です。これは過去の歴史に対する犯罪でもあるし、現時点の犯罪でもあるし、未来の日本国民に対する犯罪でもあると思うんです。

西山　しかし、沖縄密約も「国益」ではなく、「政権益」による判断だった。財政問題での合意ができていたにもかかわらず共同声明に盛り込まなかった最大の理由は何だったのか。それは佐藤首相の帰国後ただちに断行を予定していた「沖縄解散」総選挙を最大限有利に導こうという意図が働いていたためです。圧勝で「佐藤4選」を果たすために、巨額の対米支払いが明らかになることによって起きる可能性がある議会および国民の激しい反発を避けたかった。これははっきりとした選挙政策、党利党略です。

そもそも共同声明の段階で、米国に対して日本が大幅に譲歩したのは、1972年に沖縄返還を達成したかったがためです。4選後の佐藤内閣下での沖縄返還は絶対に実現せねばならぬ命題でした。だからこそ、日本政府は米国が出してくる要求を全部飲まなければならなかった。その過程から、沖縄返還協定における密約の構造が出てくるわけです。共同声明前に政府がすでにまる呑みしていた米国の要求のうち、適当に聞こえのいいものだけを抽出して国民の前に出す。日本政府にとって都合の悪いもの、内部的に軋轢や摩擦の生ずるであろう要求はそのまま隠しておくという密約構造です。〉

隠された対米巨大支払い＝3億2000万ドルの内訳

〈佐藤　先日、私は吉野文六さんにインタビューをしました。このとき吉野さんはこうはっきりおっしゃいました。「西山事件が起きたために、土地の復元費用を肩代わりする『400万ドル』の密約だけが大写しになりましたが、これは機密のごく一部にすぎない。問題なのは、沖縄返還にあたって3億2000万ドルという、国際法上、初めは日本が払わなくてもいいと思っていた巨額が協定に載るような結果になったということです。その内訳は大蔵省が先方の担当官と交渉した結果ではあるけれども、一つ一つ積み上げて精査されたような額ではありません」と。

要するに本来ならば払う必要のなかったあの巨額の対米支払い自体が、実質上の「摑み金」だったと証言されています。

西山　それはこの「ケース・スタディ」のなかにもはっきりと〈lump sum〉＝一括解決金、つまり「摑み金」と記されている。沖縄返還協定では3億2000万ドルとされた対米支払いも、当初日米が合意した概要では3億7500万ドルだったんです。

内訳としては、米資産の買い取り費としての1億7500万ドル、それに加えて、基地移転及び返還に関係する〈lump sum〉の2億ドルです。米資産の買い取り費も米国側の大ざっぱな計算で出されたものですが、2億ドルにいたっては、「摑み金」方式を提示した米国の主張に日本政府が歩み寄った。また、日本銀行はニューヨーク連銀に最低6000万ドルを25年間無利子で預金することに決まっていたため、この預金利子相当分の1億2000万ドル、さらに基地で働く日本人従業員への社会保障の適用分などを合わせると、米国が日本から得る利益は5億2000万ドルに上る計算となったのです。

しかし、今度はこれでは少し額が大きすぎるということになって、対米支払いの〝真水〟部分の3億7500万ドルを、3億ドルと7500万ドルに割った。そしてこの7500万ドルを別枠扱いにして、米軍施設改善移転費6500万ドルと返還にともなう基地従業員の労務管理費1000万ドルとして、意図的に沖縄返還協定から「隠した」。これがのちの〝思いやり予算〟の原型となるわけです。

そして、残る3億ドルには、さらに2000万ドルの追加支出を決めた。その内訳は、返還される土地の原状回復要求に対する400万ドルとVOA（「ボイス・オブ・アメリカ」＝米国政府系ラジオ局）施設移転費の1600万ドル。つまり日本側の肩代わり金だったのです。

これが沖縄返還協定に記載された対米支払い3億2000万ドルの真相なんです。

佐藤　西山さんがスクープされた「400万ドル」は氷山の一角に過ぎなかったわけですね。吉野さんは沖縄返還協定自体が大きな密約だといっておられました。

西山　そのとおりです。協定のなかには沖縄を取り戻すためにやむを得ないという性質の名目はあったとしても、このときの密約が日米関係のその後に落とした影は、いまの日本に非常な重荷となっている。あまりに大きな拘束をもって、日本をがんじがらめに縛りつけてしまった。やはり原点なんです。

佐藤　おそらくそこのところが、吉野さんの心を動かしたんですよ。官僚だって人間です。魂をもっている。〉

「自分は本当のことは喋らない」と刑事に納得させた

〈西山　吉野さんは密約について、2003年のオーラルヒストリーですでに証言されておられたが、いわゆる〝吉野発言〟が公に知られるところとなったのは、今年に入ってからの北海道新聞の取材が発火点です。そのとき彼は、非常に大事なことを言っています。

ただ単に密約の問題を公に認めただけではない。日本はいまだに、一種の米国による占領の継続性のなかにある。いまの米軍再編の問題も含めて、そのような状態で日米関係が現在も続いているんだということを基本認識として持っておられるんです。ですから〝吉野発言〟は、外交史に残る非常に重要な証言であるとともに、いまの日米関係の在り方を問う、問題提起の性質も持ち合わせている。

佐藤　私もそれを感じました。いまの外務省には、吉野さんのような外交官魂をもった職員は非常に少ないですよ。外交官ではなく外務官僚になってしまっている。とにかく無責任、そして能力が低下している。当時の吉野さんは、かなりのタフ・ネゴシエーターだったでしょう。

西山　そうですね。あの事件に関して動いたのは、すべて警視庁です。吉野さんに対してもそう。吉野さんは2回警視庁に呼ばれた。地検はぜんぜん聴取していない。彼のオーラルヒストリーのなかにも出てくるのですが、当時外務省はこの件に関して「秘密漏洩」という姿勢をとっていた。だから、刑事は当然「君、これは国家機密ですか？」とたずねてくる。吉野さんは「外務省では、交渉中のことは一切秘密です」

と言い張って、「従って、国会に対しても否定する。嘘を言うんだ」と断言した。つまり、聴取がはじまる前に、すでに「絶対あなたたちに本当のことは喋らない。国会でもぜんぶ嘘をつく。それを了解してくれ」と偽証を宣言し、刑事たちも「わかりました」とばかりに、密約の問題については一切なにも触れなかった。このことについては、吉野さん自身、「いまだったら僕らの議論は通らないです」と認めている。

佐藤　警察レベルではできない話ですからね。西山さん自身の取り調べはどのように進んだのですか？

西山　彼らの意図は「密約潰し」、それしかなかった。地検に入ってからはその意図がさらにあからさまになりました。本来ならば、この件に関して「密約」が対象となっているわけですから、捜査の対象となるのはその密約がどのような性質であるのか。違法性があるのか、違法性がないのか、そういう機密論から論じなければならない。しかし、地検は取り調べで一切その点について私に尋ねようとしない。国家機密だという前提でその問題を掘り下げようとしない。要するに取材方法論で攻めてきた。

佐藤　一番争点とすべきところを争点としないで、起訴状に2度も「ひそかに情を通じて」という言葉を繰り返したように、世論の関心を取材方法論のほうへ誘導した。〉

権力に誘導されていく恐ろしさ

当時東京地検の担当検事だった佐藤道夫参議院議員は、昨年朝日新聞社の諸永裕司記者の取材にこう答えている。

〈当時、「言論の弾圧じゃないか」とか、「検察はやりすぎだ」という批判があったんです。本来なら、情状面について起訴状では触れないのですが、あまりにも世間が騒いでいるので、あえて盛り込んだ。めったにないことですが、起訴する前には幹部と一緒に検事総長のところへ何度か足を運びました。「ひそかに情を通じて」という言葉を私が思いつくと、幹部は喜んでね。「国民によく事件の全容を知らしめる。これはいい」と総長が言ったのをいまでも覚えていますよ〉（朝日新聞２００５年5月15日付）

〈西山　私には自分を正当化する気持ちは毛頭ない。けれど、取材方法論で展開するならば、私は社会的に自分の正当業務行為から何の逸脱もしていないと胸を張って言える。たしかに人間関係の問題は別にあります。しかし、情報は取材をしないととれないのだから、ときに誰かに頼むというのは取材者として当然でしょう。とくに国家の情報の場合は。
佐藤　しかし、西山さんが取材のために蓮見さんに計画的接近をしたという話にされてしまった。でも、情報の世界で、計画的接近というのはそんなに簡単な工作ではありません。極端に言えば、セックスで情報がとれれば安いものだ。でも、現実にあれだけのリスクを冒して情報を提供する動機が「男女の情」だということはない。「男女の情」を超える人間的共感や信頼があってはじめて機微な情報をとることができる。すべてをセックスに還元する検察の作文は人間の機微をわかっていない。
西山　わかっていない。計画的接近に持っていくわけだ。私はなにも言わない。彼女が要するに権力に誘導されていくわけだ。だけどもなにも証拠がない。それでもなにも証拠はないんですよ。最終的には相互の対等性の問題になるから、一審判決のように取材方法に違法性はない。にもかかわらず、国家公務員法違反を唯一の訴追要因にした。とにかく「密約潰し」をしなければいけないということで至上命令が出た。〉
「私はなにも言わない。彼女（蓮見氏）が要するに権力に誘導されていくわけだ」と言ったときに西山氏の眼が光り、声が一段と低くなった。第一審で蓮見氏は警察・検察のシナリオに乗っただけでなく、週刊誌やテレビで西山氏に利用されたと涙の訴えを続けた。それに対し西山氏は一切沈黙した。

西山氏は第一審で無罪になったが、検察が控訴した（蓮見氏は一審の有罪判決を受け入れた）。控訴審でも西山氏は「男の美学」を守り、蓮見氏が西山氏にどう働きかけたかについて述べなかった。筆者に対して、「そそのかし」について「最終的には相互の対等性の問題になるから」「何も証拠はない」と西山氏は何度も強調した。そして西山氏は「情報リークを自分から積極的に働きかけてはいない」とつぶやいた。その話を聞いて、筆者には外務省内に蓮見氏が情報をリークすることに利益を見いだした人物やグループがいたのではないかという思いが強まった。なぜなら過去に筆者も外務省幹部の指示で情報リークに従事したことがあるからだ。

〈佐藤　実はこれは初めて話すんですが、私は西山記者事件の判例集を見せられながら東京拘置所の中で取り調べを受けたことがあるんですよ。私は背任と偽計業務妨害で起訴されたけれども、検察は第3、第4の犯罪を用意していた。そのうち3番目の犯罪が国家公務員法違反。秘密を守る義務があるにもかかわらず、鈴木宗男さんのところに外務省の秘密電報や秘密報告書を持ち出して渡し、その見返りとして出世し、更に金銭を受け取ったという筋書きです。これは、外務公務員法違反にあたるんです。

われわれ外務官僚には、外務公務員法という特別法があって、そのなかに国家公務員法１００条も入っている。だから、彼らは西山記者事件の構図でやろうとして、１週間くらい取り調べをやっているんです。そのとき、こう言ったんです。「僕は秘密情報の対価にカネをもらったことはない。だから、カネのところはどうしても呑めない。公電を持っていったのも上司の許可を得ている。たしかに秘密開示手続きがとられていない公電だが、そんなことはみんなやっていた。では、その事実を明らかにして協力してやるぜ」と。これは駄目だということで、「なんとか鈴木先生とズブズブの関係にあるということを示さないといけない事情がそっちにあるならば、カネが駄目なら身体じゃどうなんだ？　外務省のなかから鈴木と佐藤がホモだという噂が聞こえてきているわけだろう？」と話したんです。当時、外務省ではそんなウソ話を検察に持ち込んだ奴がいた。

すると検事は渋い顔をして、「しかし鈴木先生となぁ……あなたとのホモという形で話を作って、それで電報を渡したといっても、世の中信じそうもないからな。これはカネのところでなんとかならないか。鈴木さんからもらってるゼニないか？」と持ちかけてくる。「カネをもらったという話だったら鈴木さんから内閣官房報償費（機密費）をもらったことならあるぜ。橋本さん、小渕さん、森さんからももらっているぜ。これで供述しようか」と言ったら、「いや、その話は要らない」と、こんなやりとりがあったんです。

そして、判例集の西山さんのページを目の前に持ってきたんですね。「これでいま、作ろうとしている」と。ただ、このときの検事は、腹の中ではそうとう無理な取り調べをしているということはわかっていて、あえてその手の内を見せることで、私にシグナルを出してくれたように思っています。「危険だぞ、政治的にきてるから、おまえ、供述に気をつけろよ」と。

西山　あぁ、なるほど。暗示していたんですね。

佐藤　途中から検事というより、弁護人のようになってしまったんです。だからいまだに検事に対してあんまり悪い印象がないのですよね。やはり同じ役人同士というところがあって、以心伝心で通じるものがあったのでしょう。〉

国益ではなく、結局は「自分たちを守るため」

〈西山　私のときはもう完全に、密約の問題は徹底的に国家機密漏洩でやってしまえという圧力が上からかかっていた。検察側は、私がなにを言おうが、外務省は全部否定するから絶対立証できないと自信を持っていた。現に法廷においても全部否定して偽証した。私のほうの証拠は電信文しかない。外務省はとにかく「ノー、ノー」と言っておけばいい。そして取材方法論で徹底的にやりこめれば、この事件はガタガタになって自然に崩壊すると踏んだんです。

佐藤「ひそかに情を通じて……」の文言で、世論を煽った。

西山　メディアにも問題がある。国家が嘘情報を流布するという行為がどれほど大きな政治犯罪であるかということを追及せず、検察側の主張をすべて鵜呑みにして走ってしまった。完全にメディアとしての機能を果たしていなかった。日本のメディアは後進的な構造のなかに埋没していた。

佐藤　権力側は後進性をよく見抜いていた。社会的状況を計算に入れたうえで、国家が西山さん個人に牙を剝いたんです。

西山　もしこれが外国の先進的なメディアならば、取材方法論と並行して機密論も論じていたでしょう。そして、問題を比較考量して、この国家機密が意図するところの重大さを報道していたでしょう。

佐藤　西山さんにどうしてもお伺いしたかったのは、なぜ電信文のコピーを横路議員に渡したのかということです。

西山　最大の理由は情報源の保全です。当時、私は「書く記者」で有名だった。沖縄返還協定の問題については、とくにそうだった。しかし書けば書くほど、その情報源が推測されるようになる。そうすると、私がよく出入りしていた安川外務審議官の周辺から集中的に捜査される事態は避けられない。情報源の特定を避けるために、国会という国権の最高機関においてそれが提示され、論議の的になることは次善の策としてやむを得なかった。記事にして伝えるというのが私の使命だが、究極的には情報を伝達できればいい、それには非常手段も辞さないというのが私の戦略だったんです。ただ、決裁欄のサインの問題も含めて、横路議員が弁護士だということを聞いていたので、極秘文書の取り扱いには慎重だろうと思っていたところもあったんです。

佐藤　当時は西山さんについて、尾ひれだけでなく背びれもついた憶測が流れていた。横路議員に公電を流したことが「西山は政治的思惑から画策をした」と厳しい批判の対象となっていたので、今日その点を御本人からはっきり伺えてよかった。あの事件が起きる直前までは、西山さんという記者は、外務省側から見ると外務省の良き理解者だった。事実、「密約」をスクープした時点では、「たいしたものだ」と評価した外務官僚も少なくなかったはずです。ところがあるとき、手の平を返したようにコロッと変わったでしょう。

西山　外務官僚というのは、要するに自己保身が猛烈に強い。自己保身が強いと同時に権力にブリッジをかける。そして、権力と自分たちとの間に完全な相互依存の関係をつくるんです。この点においては本当に緻密な才能を持っている。

佐藤　外務官僚は政治に弱いというのは嘘で、政治の力を巧みに利用します。謀略に長《た》けているんです。

西山　当時、そういう傾向を私も感じていました。外務省のある官僚は私に本当に接近してきましたが、それは結局、背後の政治勢力をちゃんと計算したうえでの行動だった。どこの社会でも見られる話ですがね。要するに、外務省の考えている国益というのは、ある意味ではまったくの反国益なんです。さらに省益どころか、省内益だ。

佐藤　省内のごく一部の特定グループの利益のためですね。

西山　それが損なわれることを恐れる。米公文書まで出ていながら、いまもなお密約の存在を認めないというのはそういうことなのでしょう。最近は、なにかと国益という言葉を持ち出して、「国家のためにマイナスとなる」と言い訳するが、そうじゃない。自分たちを守るためなんです。

佐藤　この密約問題を明らかにすることが、本当の国益だと私は思う。安倍政権は自発的に本件に関して事実を明らかにして、偽証の上にあの事件はあったと明らかにすれば、国民は逆に政権を支持しますよ。その過程で、外務省自ら率先して、「あの局面ではたしかに嘘をついた。しかし当時はやむをえない判断だった。あとは歴史に問いたい」と国民に向かって明らかにして、西山さんに「あなたが明らかにしたことは真実だった。作り話であなたを犯罪者にしてしまってすまない」と素直に謝罪すればいい。その方が国民の外務省に対する信頼が増します。

西山　密約問題は、いまの不均衡な日米関係をつくる契機となったすべての「原点」なんです。35年の時を経て、米公文書、吉野証言という決定的な判断材料が出てきた。これを切り刻んで分析して、すべてを明らかにしなければならない。そう考えてこれからも闘っていこうと思っています。〉

吉野文六氏の失脚を狙う勢力が存在した？

さて、吉野文六氏、西山太吉氏からの取材を終えて、筆者には新たな「引っかかり」が生じている。本誌10月号の誌面では紙幅の関係で紹介できなかったが、インタビューを終えて吉野氏が冷凍庫から出してきた抹茶アイスクリームを御馳走になりながら、同氏がふと「外務省ではあまり責任感を持たないほうが出世するんです。特に事務次官になるためには」と漏らしたので、筆者はすかさず「それは（蓮見事務官の上司だった）安川さんのことですか」と尋ねた。吉野氏は、「そうですね」と言って少し考え込んでから、うなずきも否定もせずに「仕事をあまりやり過ぎないほうがいいのかもしれません」と言った。

今回の対論で西山氏が秘密公電について毎日新聞に書かず、野党議員に渡した理由を「最大の理由は情報源の保全です。（中略）書けば書くほど、その情報源が推測されるようになる。そうすると、私がよく出入りしていた安川外務審議官の周辺から集中的に捜査される事態は避けられない」と述べていることと吉野発言を重ねると、筆者には外務官僚の陰湿な策略が見えてくるのである。

有能であることは誰もが認めざるをえないが、一癖ある吉野文六氏を上司の安川氏は警戒していたのではないだろうか。沖縄返還交渉で不祥事が生じれば吉野氏は失脚する。あるいは安川氏個人というよりも外務省中枢で吉野氏の影響力をこの辺で削いでおく必要があることを考えるグループがあったのではないだろうか。対論の最後に筆者は西山氏に「安川さんと吉野さんは仲がよくなかったのではないですか」と尋ねると、西山氏は「そうです。あの二人は合わなかった」と答えた。

大学浪人時代、自分探しの旅の一環として沖縄問題に関心をもった筆者は澤地久枝氏の『密約　外務省機密漏洩事件』（中央公論社・1974年、中公文庫・1978年、岩波現代文庫・2006年）を読んだ。その解説に五味川純平氏がこう記している。

〈権力側が外国と重大な密約を行った。国民は当然知る権利があった。その権利を阻む官僚組織の壁が厚かった。一人の記者がその壁を透して隠された真実を明らかにしようとした。官僚組織内の一人の女性がそれに関係した。事件を簡略に図式化すれば、それだけのことなのである。／諸悪の根元は、民主主義の基本則を無視している官僚政治の独善と専横にある。国民の側からの抵抗と反撥と挑戦があるのは当然である。／密約事件は、政治と国民の関係、法と国民の関係の、また、民主主義が基本的

な部分で既に死んでいることの、一つの縮図であった。〉（岩波現代文庫版　316—317頁）

五味川氏の認識は正しい。沖縄密約事件の真相を外務省に認めさせることを突破口に政治と国民の関係、法と国民の関係、そして民主主義の基本に命を吹き込むのだ。この原稿を読んでいる多くの外務省員もその重要性がわかっていると思う。あとは勇気をもって一歩踏み出すだけのことだ。真実を語ればよいのである。

第7章 日本外交「再生」への提言

倫理に時効はない

前回連載（第6章）において次回で連載終了との予告をしたせいか、外務省員や外務省幹部に近い新聞記者から、「イタチの最後屁で、佐藤優が握っているとんでもないスキャンダルを暴露するのではないか。特に外務省幹部の性犯罪系スキャンダルではないか」という照会がいくつも寄せられた。

筆者は外務官僚の私生活については関心がない。したがってプライバシーを暴くことは、外務官僚のだらしない私生活が公務に明らかに悪影響を与え、国益を毀損すると思われる場合以外には行わない。

残念ながら外務省にセクシャルハラスメントの常習にとどまらず、性犯罪として刑事責任を追及されるような行為をした幹部が複数いることは間違いない。筆者も具体的事実をいくつか摑んでいるが、この場では明らかにしない。それは勿体をつけているからではなく、この種の事案についてはきちんと社会的責任をとっていただく必要があると考えるので、ここで中途半端に事実関係を明らかにして弾劾されるべき外務官僚に逃げ道を作る時間を与えてはならないと考えるからだ。筆者が国会に参考人として招致された場合、あるいは外務省が筆者に対して懲戒免職処分をかけるために行う公開の席での聴聞の際に、真実をすべて明らかにする腹づもりだ。松田邦紀欧州局ロシア課長や竹若敬三前経済局経済安全保障課長におかれても、しばらくの間、安心しておられるがよい。

筆者は他人を後ろからいきなり斬りつけることはしない。ご両人には筆者が現役時代に具体的な話をきちんとしているので、はっきり記憶されていることと思う。倫理に時効はない。

本件連載は、当初、鈴木宗男衆議院議員（新党大地代表）の質問主意書に対する内閣答弁書を読み解くということでスタートした。初心に返り、この読み解きを続けたい。２００６年11月15日付朝日新聞朝刊及び同日付 asahi.com が鈴木氏の質問主意書をとりあげ、以下の記事を掲載した。

〈週刊誌「首相は傲慢」報道　政府が否定　異例の答弁書

政府は14日、鈴木宗男・新党大地代表が週刊誌報道をもとに「外務省は安倍首相が傲慢であるとの認識を有しているか」などと尋ねた質問主意書に対し、「ご指摘のような認識は有していない」と否定する答弁書を閣議決定した。

鈴木氏は主意書で、外務省高官が記者との懇談で「安倍首相は傲慢になっている。

塩崎官房長官は霞が関で評判が悪い」などと語ったとする週刊誌報道について質問。答弁書は「報道は承知している」としたうえで、発言内容は否定した。

こうした内容の主意書や答弁書は極めて異例。答弁書を作った外務省は「鈴木氏からはありとあらゆる主意書が出るが、聞かれたことには答えないといけない。今回も内閣法制局と相談して書き上げた」(官房総務課)としている。〉(asahi.com 11月15日付)

問題となっている週刊誌報道とは、11月6日発売の『週刊現代』11月18日号掲載の記事「政府高官がオフレコで言いたい放題『安倍首相はゴーマン、世耕補佐官バカ、池田大作創価学会名誉会長は金正日』」である。この政府高官とは外務省ナンバー2の西田恒夫外務審議官を指す。

この答弁書を作成したのは外務省大臣官房総務課。現在、総務課長をつとめる上月豊久氏は、ロシア語を研修した外務官僚だ。外務省内で「要領の上月」と呼ばれており、如才がない。筆者も現役時代に一緒に仕事をしたことがある。

また上月氏は鈴木宗男衆議院議員ともかつて親しい関係を維持していた。上月氏が田中真紀子外務大臣の秘書官をつとめていた時期に、田中氏が指輪を紛失し、上月氏に疑惑がかけられたことがあった。そのとき上月氏が事情について詳しく鈴木氏に電話で報告していたが、筆者も鈴木氏の横でやりとりを具体的に聞いていた。当時、与党で絶大な権力を保持していた鈴木氏との連絡を密にして、安全保障をとりつけている上月氏の姿を見て、「これぞ外務官僚の鑑《かがみ》」と筆者は思った。

挑戦状はしかと受け取った

先般、ある新聞社幹部と会食をしたが、その際、上月氏が筆者と鈴木宗男氏を非難していたという話を具体的に聞いた。「松田邦紀君（ロシア課長）に対する鈴木、佐藤の攻撃はあんまりだ。あれじゃいくらなんでも可哀想だ」と上月氏は述べていたそうだ。不思議な話である。上月氏と松田氏が犬猿の仲であることは、関係者はみんな知っている。筆者自身、上月氏から「松田には問題がある」という話を聞いたことがある。

また、上月氏が鈴木氏に松田氏についてよからぬ情報を入れているところに筆者自身が居合わせたこともある。赤坂の花街での松田氏の「赤ちゃんプレー」、巨額のつけ回しをはじめとする武勇伝は有名であるが、上月氏も鈴木氏には相当の「借り」があるはずだ（三味線のうまい芸者さんの話だ）。その辺を含め、いちどきちんと清算しておく必要があると思う。

また、別の新聞記者から上月氏が「佐藤優チームが解体されてから、外務省の情報能力が低下したとの話があるが、それは実態を反映していない。過去も現在も外務省の情報能力に変化はない。現在の外務省はロシアについても十分な情報をもっている。一部の幹部が佐藤優を過大評価したことが、そもそもの間違いだ」と強調していたという話も聞こえてきた。筆者の能力が低いという評価ならば甘んじて受ける。しかし、「現在の外務省はロシアについても十分な情報をもっている」という話は断じて受け入れられない。外務省の情報能力の低下が現在の北方領土交渉の為体《ていたらく》をもたらしているということから目をそらしてはならない。

上月豊久総務課長、挑戦状はしかと受け取った。松田邦紀氏と異なり、あなたはしたたかなので、筆者としてもそれなりに十分準備をした上で対決することにしたい。

西田恒夫外務審議官「オフレコ懇談」について問う

さて、朝日新聞に「鈴木氏からはありとあらゆる主意書が出るが、聞かれたことには答えないといけない。今回も内閣法制局と相談して書き上げた」とあるが、外務省大臣官房総務課のこのコメントは、上月氏の現在のスタンスを表したものと筆者は解釈している。聡明な上月氏は総務課名でコメントが出れば鈴木氏がそれを注意深く読むことは織り込み済みで、「鈴木氏からの質問には内閣法制局と相談してきちんと答えます。喧嘩をするつもりはありません」というメッセージを送っているのである。

05年の今頃、上月氏の前任者が「鈴木宗男衆議院議員からの依頼等に対する対応振り」（いわゆる「ムネオ・マニュアル」）という秘密文書を作成し、鈴木氏との対決姿勢を鮮明にしたのとは大きな違いだ。それならば、つまらない陰口は叩かないほうがいい。外務省は秘密を守ることのできない組織だ。「壁に耳あり、障子に目あり」という諺を忘れないことだ。

それでは、朝日新聞が取り上げた鈴木氏の質問主意書と答弁書を見てみよう。

〈問：２００６年11月６日発売の「週刊現代」（講談社）は、同年10月６日に西田恒夫外務審議官が行ったとする懇談の内容について報じているが（以下、「西田懇談記事」という）、外務省は右報道を承知しているか。

答：承知している。

問：外務省職員が報道関係者に対してオフレコ懇談を行うことがあるか。あるとするならば、その法令上の根拠を明らかにされたい。
答：外務省設置法（平成11年法律第94号）に規定する所掌事務の一環として、外務省職員は、様々な形で報道関係者からの取材に応じることがある。
問：外務審議官の担当業務を明らかにされたい。西田恒夫外務審議官は政務を担当していると承知するが、確認を求める。
答：外務審議官は、外務省設置法第5条第2項において、「外務省の所掌事務に係る重要な政策に関する事務を総括整理する」こととされており、御指摘の外務審議官は、当該事務のうち主として政務に関するものを担当している。
問：西田外務審議官が2006年10月6日に報道関係者と接触した事実があるか。
答：御指摘の外務審議官は、御指摘の日を含め日々様々な形で報道関係者からの取材に応じている。
問：2006年10月の安倍晋三総理の中国、韓国訪問に西田恒夫外務審議官が同行したか。
答：御指摘の訪問に、御指摘の外務審議官は同行していない。
問：過去に政務担当外務審議官が総理の中国訪問に同行しなかった事例があるか。あるならばその直近の事例を明らかにされたい。

答：外務省において調査した範囲では、小泉内閣総理大臣（当時）による平成14年4月に中国において開催されたボアオ・フォーラム年次総会出席のための訪問及び平成15年2月の韓国大統領就任式出席のための訪問には、外務審議官（政務担当）は同行していない。

問：西田恒夫外務審議官が現職に就いてから提出した国家公務員倫理法に基づく贈与等報告の件数を明らかにされたい。その中に2006年10月6日に行われた報道関係者との懇談が含まれているか。

答：外務省において確認できる範囲では、御指摘の職員が現職に発令された平成17年8月2日以降、国家公務員倫理法（平成11年法律第129号）第6条第1項の規定に基づく5000円を超える贈与等又は報酬の支払いに係る報告の提出はない。〉

安倍晋三総理は〝ゴーマン〟だったか

〈問：「西田懇談記事」において、西田恒夫外務審議官の発言として、「安倍さんはゴーマンになっているな。塩崎もいずれ行き詰まるだろう。最初は清新なイメージがあるけど、彼は独善的で霞が関に評判が悪い。調整などできないからね。首相補佐官会議など、僕は出席するつもりはない。あそこは安倍派を集めた『チーム安倍』だからね。僕が出たら温度が下がるだろう。ようするにチーム安倍が〝青年の主張〟をしているだけだよ」

との内容を記しているが、外務省は右報道を承知しているか。

答：承知している。

問：前問の発言内容は外務省職員として適切か。

答：外務省として、御指摘のような発言が行われた事実はないと承知している。

問：外務省は安倍晋三総理が傲慢であるとの認識を有しているか。

答：外務省として、御指摘のような認識は有していない。

問：外務省は塩崎恭久内閣官房長官が独善的で、霞が関で評判が悪く、調整能力がないと認識しているか。

答：外務省として、御指摘のような認識は有していない。

問：外務省は総理補佐官会議に対してどのような基本姿勢で臨んでいるか。

答：外務省として、御指摘の「総理補佐官会議」は、内閣総理大臣を支えるスタッフである内閣総理大臣補佐官が、必要に応じ、内閣総理大臣、内閣官房長官等との間で様々な政策課題について議論する場であると承知している。

問：外務省は総理補佐官たちが「青年の主張」をしていると認識しているか。

答：外務省として、御指摘のような認識は有していない。

問：過去に西田恒夫外務審議官が総理補佐官会議に出席したことがあるか。過去に西田恒夫外務審議官が総理補佐官会議への出席要請を拒否した事実があるか。

答：御指摘の事実はない。〉（「政官関係を巡る外務審議官の認識に関する質問主意書」、第165回国会衆議院質問番号140、質問提出年月日2006年11月6日、答弁書受領年月日同年11月14日）

鈴木宗男氏を政界から一時的に葬り去った功労者

西田恒夫外務審議官をめぐる今回の事案は外務省の病理を端的に表している。西田氏はドイツ語研修のジャーマン・スクールのキャリア外交官であるが、ロシア課長をつとめたこともある。安全保障問題に通暁し、総括審議官（国会担当）、経済協力局長など外務省の花形ポストをつとめてきたエリート外交官である。田中真紀子外相時代は、反田中の旗幟《きし》を鮮明にし、鈴木宗男衆議院議員に擦り寄った。

筆者も永田町の十全ビルにある鈴木氏の個人事務所に当時経済協力局長をつとめていた西田氏が外務省の書類を持参して、鈴木氏に陳情している姿を何度も見かけている。2002年1月末に宗男バッシングが始まった当初も鈴木氏は「西田は信頼できる。西田が裏切ることはないだろう」と言っていたが、1995年6月13日に鈴木氏が当時欧亜局参事官をつとめていた西田氏に北方領土不要論を唱えたとする内部文書を外務省は民主党に流し、そのメモをもとに2002年3月11日の衆議院予算委員会の証人喚問で民主党の上田清司議員(現埼玉県知事)が鈴木氏を追及した。

このメモは鈴木氏の了承を得ずに外務省が一方的に作ったものだったが、翌12日の参議院予算委員会で西田氏が「メモにある通りで、それに加えるものも減らすものもないと記憶している」と答弁し、これによって「鈴木宗男は売国奴だ」という世論が固まった。鈴木宗男氏を一時、政界から葬り去る上での最大の功労者が西田氏だったのである。一方的なメモで鈴木氏を陥れた西田氏が、マスコミが西田氏の了承を得ずに作成した懇談メモで窮地に陥るというのも皮肉な巡り合わせだ。

『週刊現代』の記事によれば、「安倍さんはゴーマンになっている」、「(塩崎官房長官は)独善的で霞が関に評判が悪い。調整などできない」という他に、「首相補佐官に抜擢されていい気になっているが、世耕(弘成)はバカだな」、「一番ゴーマンになっているのが、首相秘書官に抜擢された井上（義行）だよ。彼はもともと旧国鉄の機関士出身だ。それが民営化のときに旧総理府にノンキャリで入り、たまたま官房副長官時代の安倍に仕えたときに気に入られた。社会の上辺だけを歩んできた安倍が、下流社会から這い上がってきた井上をどう生かすかは大いに見ものだな」といった類の発言をしている。鈴木氏は別の質問主意書でこの発言についても事実関係の確認を内閣に求めている。

朝日新聞は、「こうした内容の主意書や答弁書は極めて異例」と評価しているが、新聞、週刊誌、テレビのワイドショーの報道であれ、国民にとって重要なことはそれが事実か否かである。筆者は西田氏がロシア課長をつとめていた時期に、同氏の放言を何度も耳にしたことがある。

「末次一郎（陸軍中野学校出身の社会運動家、北方領土返還運動に献身）が官邸に影響力があるといっても、しょせんは民間人だ。俺たちと張り合おうとすること自体が間違えている。ブルブリス（エリツィン政権初期のブレイン）にも君から言い含めておけ」

「小沢一郎はアロガント（傲慢）だよ。その手下の栗本（慎一郎衆議院議員）なんかはクズだ。ああいった連中との付き合いに深入りしないほうが君のためだぞ」

このような過去の経験から、筆者は『週刊現代』に報じられた西田氏の発言内容についてはは何の違和感も覚えない。ちなみに外務省は公式ホームページに「11月6日に発売された週刊現代（講談社）の西田外務審議官の発言とされる内容についての記事に関して、外務省としては、同外務審議官に事実関係を確認しましたが、報道されているような発言を同外務審議官が行ったとの事実はないと承知しており、同誌からの照会に対してもその旨予め回答しております。／外務省として週刊現代に対し、読者に誤解を与え、また、名前を特定された関係者に多大な迷惑をかける記事を掲載したことにつき厳重な抗議を行いました」との告知を掲載しているが、『週刊現代』編集部に記事の撤回や謝罪は要求していない。

腰が引けているのである。

西田氏の得意技＝マスコミへの飲食費つけ回し

『週刊現代』の報道が捏造や虚偽であるならば、外務省と総理官邸との間の信頼関係を著しく傷つけるものなので、名誉毀損で民事訴訟はもとより刑事告発を行うべきだ。もっとも訴訟になれば法廷にさまざまな事実が出てくる。もちろん筆者も外務官僚の「素顔」について真実を伝えようとする『週刊現代』編集部の姿勢に強い共感を覚えるので、訴訟となれば『週刊現代』編集部に全面的に協力したいと思っている。そういえば、本連載に対して外務省は『月刊現代』編集部に一切意見をつたえてきていないそうだ。佐藤優の論文など世の中にまったく影響を与えないと軽視しているのであるか。それとも何か陰険な裏技を考えているのであろうか。それとも本連載が大きな意味で外務省改革に貢献するという深い懐を有しているのか。いずれにせよ外務省が編集部に対して何のアプローチもしないというのは理解に苦しむ。

さらに深刻なのは、西田氏とカネの問題だ。西田氏やその部下がかつて鈴木宗男氏に飲食費等で世話になった話は、過去のことなのでここでは触れない。問題は現在進行形の話だ。国家公務員は５０００円を超える飲食費を、報道関係者を含む他人に負担してもらった場合、贈与等報告書の提出が義務づけられている。

答弁書で、政府は「御指摘の職員が現職に発令された平成17年８月２日以降、国家公務員倫理法第６条第１項の規定に基づく５０００円を超える贈与等又は報酬の支払いに係る報告の提出はない」と明確に答弁している。西田氏が過去１年３ヵ月間に５０００円を超える飲食費を他人に負担してもらったことは一度もないということになるのであるが、これは事実だろうか。

ちなみに西田氏の盟友である松田邦紀ロシア課長は、２００４年２月１日から２０

05年12月31日までの間に報道関係者から35件の贈与等を受けていることが答弁書で明らかになっている（「裏金組織『ルーブル委員会』についての外務省ロシア課長の認識に関する再質問に対する答弁書」、第164回国会、番号231、質問2006年4月18日、答弁4月28日）。

西田氏は、かつて胃病を患ったことがあり、やせ形であるが、アルコールが好きで、課長クラスの職員と飲み歩き「気前のよい先輩」として、人望を集めていた。もっとも西田氏が連日飲み歩くカネがどこから出ているかについては様々な噂が立っていた。

ここでは噂ではなく、ある報道機関幹部から筆者自身が聞いた話を披露する。筆者が2003年10月に保釈されてから数ヵ月後に聞いた話だ。

「佐藤さん、西田（総合政策）局長のつけ回しには、各社とも参っている」

「いったいどうしたんですか。局長は月50万円の報償費（機密費）をもっていますよ。それでまかないきれないときは会計課長と折衝すればきちんと面倒を見てくれますよ」

「西田さんに奢ってもらったことなど一度もないよ。この前は夜の11時過ぎにクラブに呼び出されて、6万4000円の支払いをさせられた。西田局長はひどく酔っぱらっていて、情報もとれないし、会社からカネを引っ張り出すのに往生したよ」

ロシアやドイツの諺で「魚は頭から腐る」というが、外務省のナンバー・ツーである西田恒夫氏の「素顔」を見れば、この諺どおりに事態が進捗していることがわかる。

「1億円を超える所得が非課税」だから特権意識を抱く

筆者の見立てが正しければ、2007年1月の人事で西田恒夫氏や松田邦紀氏は在外公館に異動になり、外務官僚のもっとも腐敗した部分が外務本省からとりあえず除去される。しかし、それにより外務省の文化が変わるとは思えない。

過去6回の連載の間に筆者と密かに面会を求める外務省関係者が何人もいた。その中には真摯に外務省の現状を憂える人もいれば、派閥間抗争で筆者を利用しようとする人、また真摯な気持ちと邪心が混在している人などさまざまであったが、それら全体を通じて、外務省が今日のような状況に陥った最大の原因は外務官僚の能力低下であると筆者は確信した。

能力が低く、外務省の外に出た場合、現在の収入を維持できないという不安があるから、蓄財に走るのである。

能力に不安があるから、リスクがあるが国益のために必要な外交政策の企画立案を怠り、言い訳だけを考えるのである。

能力に不安があるから、キャリア職員は過度に尊大になる。またノンキャリアの専門職員も能力に不安があるから、専門の語学や地域事情の知識を基にキャリア職員と張り合っていくという気概をもたずにいじけていくのである。

日本外交を活性化するために、外務省の機構改革、褒賞（例えば「赤いTシャツ」を賞品にする川口［順子外務大臣］賞）、人事政策についてさまざまな改革が行われたが、いずれも効果をあげなかった。筆者は現下の外務省は改革の処方箋が書けないほど制度疲労が蓄積していると認識している。改革の前提として、制度的に腐敗を引き起こしている部分に早急に手をつけることを提言する。

外務省改革案1．外務省職員が在外勤務で蓄財したカネについては、他の日本国民と同じ水準で課税する。資本主義社会でカネと権力は正の相関関係にある。生涯所得として見た場合、在勤手当をもとに少なく見積もっても1億円を超える所得について外務省職員が課税を免れている現状が外務官僚に「われわれは特別の人種なんだ」という根拠のない優越感を抱かせる原因になっている。国税庁が在外公館から帰任した外務省職員に対して税務調査を行い、公平な税負担をさせる。

外務省改革案2．外務省在外職員の在勤手当や住居手当について答申する外務人事審議会を廃止し、その機能を人事院に移管する。外務人事審議会には調査能力がなく、実際は外務省大臣官房在外公館課が作成するデータによる「お手盛り予算」となっている実態にメスを入れる。外務省がいかに外交政策で尽力しても、「カネでおかしなことをしている」という印象が一掃されない限り、信頼を回復することはできない。その点で、現在、財務省が外務省の在勤手当にメスを入れようとしているが、この動きは正当であるし、国民の信頼を回復するという観点で中長期的に外務省の省益にも貢献する。

ちなみにこの点についても鈴木氏が重要な質問主意書を提出した。

〈問：2006年11月1日付読売新聞夕刊が「物価安い国なのに…　スロバキアやハンガリー　在外公館高額手当」との見出しで、

「スロバキアやトルコなどにある日本大使館など日本の在外公館の4分の3にあたる

201の在外公館で、外交官ら国家公務員に支給される在勤手当が、米国のワシントンの日本大使館より高いことが、財務省の調べでわかった。物価水準が低い諸国でワシントンを上回る在勤手当が支給されている実態には、厚遇だとの批判が強まりそうだ。

現在、日本の在外公館は268。財務省によると、ワシントンの物価や在勤手当の水準を100とした場合、スロバキアの物価水準は64なのに在勤手当の支給水準は132だった。トルコでも在勤手当が127(物価水準68)、ハンガリーが127(同61)など、物価が安いのに高額の手当が支給されているケースが目立った。

在勤手当は衣食住にかかる経費で、大卒後、入省15年目でワシントンの日本大使館に勤務しているキャリア職員(37歳、配偶者と子ども2人が同行)の場合、基本的な給与のほかに、月額76万6000円が支給される。政情不安などで生活環境が悪い国では、月額2万2600〜28万8500円が上乗せされる。

財務省は『物価水準の低い国を中心に支給額を引き下げるべきだ』(主計局)と主張している。外務省は『米国の外交官や国連職員と比べると、給与全体の水準は高くない』(在外公館課)と反論している」

との記事(以下、「読売報道」という)を掲載していることを、外務省は承知しているか。

答：外務省として、御指摘の報道は承知している。

問：「読売報道」における、「財務省によると、ワシントンの物価や在勤手当の水準を100とした場合、スロバキアの物価水準は64なのに在勤手当の支給水準は132だった。トルコでも在勤手当が127（物価水準68）、ハンガリーが127（同61）」とのデータは事実に基づくものか。

答：御指摘の「物価水準」は経済協力開発機構作成の2006年8月の内外価格差を指しているものと承知しており、在勤手当の支給水準は、在外公館に勤務する外務公務員の在勤基本手当の額並びに住居手当に係る控除額及び限度額を定める政令（昭和49年政令第179号）別表第一（以下「別表」という）における在米国日本国大使館の3号の在勤基本手当の支給額を100とした場合のそれぞれの在外公館の所在地において在勤基本手当の支給水準（トルコ共和国については、任地の勤務環境の厳しさに係る追加的に生じる経費を除いたもの）を指しているものと承知している。

問：ワシントンの物価や在勤手当の水準を100とした場合の、ロシア連邦の物価水準、在ロシア連邦日本国大使館職員の在勤手当の支給水準を百分率で示されたい。

答：別表において、在米国日本国大使館の3号の在勤基本手当の支給額を100とした場合、在ロシア日本国大使館の3号の支給額は133である。お尋ねのロシア連邦の物価水準の比較については、様々な方法があり得るため、ワシントンと比較して一概に述べることは困難である。

問：政府はスロバキア、ハンガリー、トルコ、ロシアにおける外務省在外職員の在勤手当が客観的なデータに基づくものであり、かつ社会通念上妥当と考えるか。

答：在スロバキア、在ハンガリー、在トルコ及び在ロシアの各日本国大使館に勤務する在外職員の在勤基本手当の支給額については、在外公館の名称及び位置並びに在外公館に勤務する外務公務員の給与に関する法律（昭和27年法律第93号）に基づき、予算の範囲内で、それぞれの在外公館における物価、為替相場等並びに主要国の外交官の給与水準等を総合的に勘案して定められており、外務省として妥当な額と考えている。〉（「外務省在外職員の手当に関する質問主意書」、第165回国会、番号136、質問2006年11月2日、答弁11月10日）

この答弁から明らかなように、財務省の主張は客観的なデータに基づく妥当なものだ。モスクワの在勤手当がいかに根拠のない不当に高いものであるかは第2章「公金にタカる官僚たち」で詳述したので、ここでは繰り返さないが、ロシア人一人当たりの平均所得が月3万円、生活最低費が月9000円であるところに公使クラスの外交官に本俸とは別に在勤基本手当で69万円（配偶者を同伴すれば82万8000円）の「摑み金」が与えられ、さらに住居手当の1ヵ月あたりの限度額が109万円であるというのは、社会通念上、絶対に是認される額ではない。財務省が外務省のデタラメな数字を徹底的に実証的なデータで叩き潰すことが国益に貢献すると筆者は確信する。

人事を逆手にとった外務省改革案

外務省改革案3．人事課の機能を強化する。外務省の腐敗と停滞の温床になっているスクールとマフィアから人事権を奪う。

スクールとは、英語、中国語など研修語学を中心とする外交官の派閥を指すが、現在機能しているのは、チャイナ・スクール、ロシア・スクール、アラブ・スクールくらいであろう。この狭い語学スクールの中の閉鎖的なネットワークが、澱んだ人間関係による不公正な人事や、在外公館に勤務したときの不正蓄財、外交特権濫用（例えば飲酒運転による交通事故の揉み消し）による「黒い連帯」を生み出している。さらにロシア・スクール、チャイナ・スクールがもつスクールに所属する職員のスパイ事件や異性問題等の不祥事に関するデータを人事課に引き渡し、一元管理する。

また、会計、サミット、電信、条約、経済協力などの職能集団によって構成されるマフィアの目に見えないネットワークが同様の腐敗の温床となっている。

官僚の関心は常に人事にある。麻生太郎外務大臣、谷内正太郎事務次官の強力な指導力をもってすれば、スクールやマフィアから腐敗の温床を除去し、健全な職能集団に再編することができると思う。そのためには信賞必罰の人事を行うことだ。自己の栄達のために過去に鈴木宗男氏に過度に擦り寄った職員、田中真紀子氏に過度に擦り寄った職員、また田中真紀子氏の信用失墜を図るために外務省の秘密文書をマスコミや政治家に流した職員、また鈴木宗男氏を失脚させるために革命政党である日本共産党に秘密文書を流した職員について、外務省は特定ができているはずだ。このような腐敗分子を外務省執行部から外すことである。

ここまでに指摘したことは、その気になれば明日にでも実施できることだ。この先は少し時間がかかるが、外務省の基礎体力を強化するために是非行ってほしい。

外務省改革案4. 研修体制を強化する。

（1）まず、高校卒業のIII種職員について、入省時に英語の試験を行い、さらに1年間、英語を母国語とする外国で正規の研修をさせる。このことにより、将来、領事を担当する職員の質が著しく向上する。

（2）I種職員、専門職員の研修期間を一律3年（現在は原則2年）にし、その内、1年間は英語研修に専心させる。外務省の最大の問題は、英語力が弱いことである。英語圏からの帰国子女を除き、英語以外の語学を専門とする外務省員の英語力は心許ない。体制を整え強化することだ。

（3）I種職員、専門職員については、3～5年に半年程度、職務から完全に解放された環境で中間研修を受けさせる。そこでは専門語学力の維持と地域事情に関する知識の習得に力を入れる。

（4）職員による修士号、博士号の取得や学術書の刊行を奨励する。

これらの方策を実施すれば、10年で日本の外交官の基礎体力が見違えるほど強化される。

外務省改革については、思うことがいろいろあるが、紙幅の関係でこれ以上述べることができない。

筆者を反面教師にせよ

筆者は起訴休職中ではあるが外務省員としての身分をもっている。しかし、いずれこの中途半端な状態に終止符を打つことになるであろう。外交官として、ロシア専門家として、北方領土問題の解決とインテリジェンス体制の構築については全力投球した。

双方の課題を遂行するためには時の政治権力の支援を得ることが不可欠だったので、その仕事もした。橋本龍太郎総理、小渕恵三総理、森喜朗総理、そして外務省の「守護天使」であった鈴木宗男氏の懐に飛び込むという任務も忠実に遂行した。国策捜査に巻き込まれ逮捕、起訴され、外務省の汚点として筆者は処理されることになったが、そんなことは何とも思わない。

筆者は転んでもタダでは起きない。事件をバネに筆者なりに糊口をしのぐ道を文筆稼業に見つけ出した。しかし、このような思いを、若き外務省の後輩たちに繰り返させたいとは思わない。獄中で、筆者なりに外務省について考えたこと、また後輩に託すメッセージをノートに書き連ねた。それが岩波書店から『獄中記』として上梓の運びとなったので、是非、手にとっていただきたい。

『月刊現代』誌上での「外務省『犯罪白書』」という刺激的なタイトルでの連載も、外交官としては死に果てていく筆者から若い世代の外交官に向けた命がけのメッセージなのである。筆者を反面教師に若い世代の外交官は、知識と知恵をつけ、それを自己の栄達のためだけでなく、日本国家と日本人の生き残りのために是非活用してほしい。幸運を祈る。

特別付録①

杉山晋輔外務審議官の思い出

（佐藤優著『国家の罠』〔新潮文庫〕 第４章「『国策捜査』開始」より）

（二〇〇二年）五月三十日には、一九九九年三月のゴロデツキー教授訪日の経緯について、調書を作った。第三章「作られた疑惑」で、この訪日準備過程で鈴木宗男氏と絡むちょっとしたいざこざがあったということについて触れたがそれは次のような経緯である。

九九年一月末、鈴木宗男氏はイスラエルのある高官と会食した。その時、ゴロデツキー教授訪日の話が出た。その高官は、ゴロデツキー氏が単なる学者ではなくイスラエル政府の対露政策に影響を与えるキーパーソンであることと次期駐露大使の有力候補であるという話をした。ここで鈴木氏はゴロデツキー教授に関しても興味をもつようになった。

当初、分析第一課は、ゴロデツキー、ナベー両教授をオピニオンリーダー招聘《しょうへい》、中堅指導者招聘などの予算で呼ぼうと考えたが、年度末なのでどの枠も埋まっていた。イスラエルのロシア情報の重要性と当時の官邸が平和条約交渉に本腰を入れていることを背景に、分析第一課が強硬な対応に出れば、他の計画を後回しにして、両教授訪日に予算を振り替えることができたかもしれない。

しかし、私たちが招聘案件を是非とも実現したいと考えているように、他の部局もそれぞれ自分たちが計画した招聘案件を実現したいと考えているはずだ。他の人の仕事を押しのけるのは趣味ではない。そこで、やはり外務省本体の予算がないので、支援委員会資金を使って、チェチェン問題の国際的権威であるセルゲイ・アルチューノフ・ロシア科学アカデミー民族学人類学研究所コーカサス部長を呼んだ例があるので、今回も支援委員会から費用の手当ができないかと考えた。これは、私だけの意見ではなく、分析第一課の総意に基づいていた。私たちはロシア支援室の前島陽氏とも相談して決裁書を整えて、関係部局の決裁を得ようとした。

二月初旬のある日、前島氏が血相を変えて分析第一課に訪ねてきた。

「佐藤さん、条約課の岸守がとんでもないんです」

岸守一《はじめ》事務官は条約課で支援委員会協定を担当している。

支援委員会は国際機関であるが、この国際協定に基づいて設立されたものだ。また、前に述べた通り、そこにお金を出しているのは日本政府だけで、実際の資金支出は日本政府の指示によって行われる。そのため、支援室の企画でこれまでに先例のない事案については、条約課の決裁を得ることになっていた。

「どうしたんだい」

「『なんでこんなもん持ってくるんだ。アルチューノフの時はこれを先例にしないと言っただろう』と喧嘩《けんか》腰なんです。口の利《き》き方もなっていない。これじゃ話になりません」
「あなたと岸守は年次はどっちが上なの」
「年次は岸守の方がちょっと上なんですが、職種は専門職（ノンキャリア）なんで、まだ事務官です。ただし、岸守も東大法学部卒なので性格がちょっと捻《ねじ》れているんですよ」

前島氏は課長補佐、しかも総務班長なので岸守氏よりも上席だ。東大法学部卒の外務省員はほとんどがⅠ種（キャリア）職員である。しかし、ときおり専門職員もいる。

Ⅰ種職員は能力や性格に相当の問題がない限り大使ポストを保証されているが、専門職員で大使になる人は五パーセント程度で、しかも中小国の大使だ。大学で机を同じにし、能力的にはそれほど違わなくても外務省内での出世街道は大きく異なる。もっとも小国語の専門家として結構楽しく仕事をしている東大卒の専門職員もいるので、要はその人の価値観である。私は一九九六年から二〇〇二年まで東京大学教養学部で「ユーラシア地域変動論」という科目を教えていたので、東大生気質はそれなりにわかっているつもりである。

ときどき、「キャリアでなくあえて外務省の専門職員になり、佐藤先生のように外交官と学者を両立させたい」という相談を受けたが、私は「東大生に関しては、ほとんどがI種職員だからあえて違う道を選ぶことは勧めない。二つの世界に足をかけていても僕みたく両方とも中途半端《はんぱ》になるから……」と答えていた。

「それで岸守は何て言ってるの」

「『イスラエルから専門家を呼んでこれるならば、ナイジェリアからでもロシア専門家ならば呼べるじゃないか』と言って認めようとしないんですよ」

「対露支援に役立つ専門家として具体的に誰を招聘したらよいかは政策判断の話で、条約課が云々《うんぬん》することじゃないよ。ナイジェリアに日本の役に立つ優れたロシア専門家がいるならば岸守に紹介してほしいな。呼べばいいじゃないか」

「私もそう思います。条約課とは正面から議論します。佐藤さん、岸守は日露平和条約の重要性がわかっていないようなので徹底的に闘いますよ」

「いいよ。できるだけ厳しく、徹底的にやってくれ」

こうしたやりとりがあったと記憶している。

前島氏は、条約課と本格的な「戦争」をはじめた。

条約課は外務省の中で影響力の強い部局で、条約局長は事務次官への登竜門だ。当時の条約局長は東郷和彦氏だった。東郷氏は「条約局にはサービス精神が欠けている。他の部局が行おうとすることを助けてあげるという姿勢が重要だ」とよく私に話していた。

私が東郷氏にこの件について相談すれば、東郷氏は瞬時にそれを解決したであろう。しかし、そのようなやり方は最後の手段だ。私は岸守氏ときちんと話してみようと考えた。私は情報の専門家、岸守氏は条約の専門家と分野は違うものの職人同士では理解可能な部分もあるはずだ。私は岸守氏に電話をかけた。

「分析第一課主任分析官の佐藤と申します。岸守さんですか」

「はい。岸守です」

「実はうちの課で呼ぼうとしているゴロデツキー・テルアビブ大学教授のことで、ちょっと背景説明をしておきたいんだけど。あなたとどこか中立的な場所で会えないかな。分析第一課に来てくれとも言わないけど、僕から条約課にも行かない。どこかでコーヒーでも飲みながら話をしたいんだけれど。この件の政治的背景を話しておきたい」

物事がこじれた場合、関係者が非公式な話をして打開を図るというのはよくあることだ。ロシア外交の素人《しろうと》にはイスラエル情報の重要性がわからない。小渕《おぶち》恵三首相もイスラエル情報を高く評価していることを岸守氏に理解してほしかった。しかし、岸守氏の応答は素っ気ないものだった。

「首席事務官（条約課のナンバー・ツー）の了承が得られれば行きます。そして話の内容は首席事務官に報告します。それでよろしいのなら会います」

いかにも会いたくなさそうだ。それならば私の方からお願いしてまで会ってもらう話ではない。

「あなたに状況を説明したいんだけれど、そう堅苦しく考えるならば、この話はなかったことにしよう」

私は電話を切った。この私からの電話について、公判で杉山晋輔《しんすけ》条約課長は、私の圧力があったとの趣旨の証言をしているが、これは事実ではない。ほんとうに私が圧力をかけようとするならば、直接、東郷氏を使うので、このような効率のよくない迂《う》回《かい》戦術はとらない。

この電話から数日後、私は明治記念館でロシア人と夕食をとった後、鈴木宗男氏に電話でその通話内容について報告すると、「今日はもう家に戻っているけど、遊びに来ないか」と誘われたので、南青山の自宅におじゃました。その日は珍しく新聞記者もいなかった。

鈴木氏から、「この前、イスラエル政府の高官が言っていたテルアビブ大学の先生の訪日はどうなっているか。俺も一席設けるから」と質問された。

私は、「どうもうまくいっていないんですよ。条約課に東大法学部卒の岸守一というちょっと捻れた専門職員がいるので止まっちゃってるんですよ。何とかします」と答えた。

これに対して鈴木氏は「東郷が局長なんだろう。イスラエルのロシア情報の重要さを部下にちゃんと理解させないと」と述べたが、その話はそれで終わって、別の話題に移った。

それから二、三日して、私は急に官邸の鈴木内閣官房副長官室に呼び出された。東郷氏と山田重夫条約課首席事務官がいた。他に誰が同席していたかは記憶が定かでない。昼少し前のことであった。鈴木氏は、条約課を厳しく指導していた。

「支援委員会の予算は、俺が外務省に言われて補正でつけたんだ。小渕政権が平和条約交渉をどれくらい重視しているのかわかっているのか」というのが鈴木氏の発言の趣旨だった。

官邸からの帰りがけに東郷氏が私に言った。

「イスラエルの学者のことで文句があるならば、僕に言ってくれればいいのに。話を大きくしないでほしい」

私はムッとして、「話なんか大きくしていません。こんな話、鈴木さんに頼みませんよ」と言った。事実、このときの鈴木氏からの呼び出しは私にとって想定外だった。

その後、三月になってから、もう一度、官邸に呼び出されたことがある。このときは私の他には東郷氏、杉山氏、山田氏、岸守氏、前島氏が同席していた。鈴木氏は、条約局が日露平和条約交渉の重要性をどの程度理解しているのか、山田氏、岸守氏の対応を見ているとわからなくなると東郷氏、杉山氏に問いただしていた。

杉山氏は、「私の課員に対する指導不足です。イスラエル情報の重要性も私はよくわかっているのですが、彼らはまだよくわかっていないようで……」と一見、部下を守るような口調だが、よく聞くと部下に責任を転嫁《てんか》する発言を繰り返していた。私は、「鈴木大臣、条約課もよく反省しているようなので、もういいじゃないですか」と言った。

鈴木氏は、「前島君、君はどう思うのか」といきなり質問を振った。

前島氏はとっさにこう答えた。

「条約課は、日露平和条約交渉が現在政治的にどれくらい重要かということに対する認識が十分でなく、ものごとを作っていくという姿勢から条約を解釈していない。最終的にはこちらの言うことを認める場合でも、あえて時間をかけ、条約課の威厳を示すことに生きがいを見いだしているようだ。不親切きわまりない。このような状況で仕事をするには厳しいものがある。何のための協定かということをもっと考えてほしい。われわれは時間との闘いの中で、日露平和条約締結に向け尽力している」

鈴木氏も東郷氏も大きくうなずいた。鈴木氏は、「みんなで団結して、平和条約締結に向け、一生懸命仕事をしてくれ」と言って、この日の会合は終わった。

官邸の廊下で、前島氏と山田氏が激しい言い争いをはじめた。私にはよく聞こえなかったが、言い争いを聞いて新聞記者たちが集まってきたので、私は「二人とも、記者の前だぞ。やめろ」と少し大きな声でたしなめた。

後で前島氏は、「山田が、『君は気にしないでいいよ』とエラそうに言ったので、『鈴木副長官の前で言ったのは俺の本心だ。何を恩着せがましいことを言うんだ』と言い返してやった」と私にそのときの諍《いさか》いについて説明した。

これでこの件を巡る外務省と鈴木氏の「手打ち」は終わった、と私は考えていた。しかし、どうもそうではなかったようだ。そのことを私は西村氏からの取り調べで知るのである。

私は事実関係について、率直に西村尚芳検事に話した。特に岸守氏に関する私と鈴木氏のやりとりについては、密室のできごとなので、私が「そんな話はない」とか「記憶にない」と言えばそれで逃げ切れる話であるが、私は正直に話した。

その後、西村氏は私の知らないことについて尋ねてきた。

「杉山課長、山田君、岸守君が鈴木さんに言われて詫《わ》び状を出した話を知っているかい」

「知らない。詫び状を要求するのは鈴木大臣のスタイルじゃないな」

鈴木氏は、「正確を期したいので文書にしてもってきてくれ」とか、「誰がいつ、何を言ったか、クロノロジー（日付順の箇条書きメモ）を作ってこい」と言うことはある。しかし、「詫び状をもってこい」と役人に言った場面に少なくとも私は遭遇したことがない。

もっとも、鈴木氏が要求したのはクロノロジーなのに、それに過剰反応して詫び状をもってくる官僚はよくいる。キルギス人質事件のとき外務省からＪＩＣＡ（国際協力事業団、現国際協力機構）に出向していた総務部長は、鈴木氏のところに詫び状や近況報告などを事件が終わった後も週に三、四回、一年以上も持参し、その総量はみかん箱二杯になった。もちろん、鈴木氏も人間だから、そのような「忠誠の証《あかし》」を悪く思うはずがない。私はその辺の事情を西村氏に説明した。

西村氏は、「そうだろうな。杉山はこの機会を利用して鈴木さんに近付こうとしたという印象を僕ももっているんだ。クラッシュを作ってそれから仲良くなるというのは政治家がよく使う手法だからね。杉山はそれを読んだ上で鈴木官房副長官と御縁をつけたのだろう。しかし、外務省は狡猾《こうかつ》だよな。この手紙の写しを保存してあって、鈴木からの圧力の証拠として早い段階に自主提出してきた。鈴木さんも文書をとる癖が裏目に出た。捜査になればこの種のものは全部物証になってしまうからね」と述べた。

西村氏の見立ては正しい。この事件は、別に杉山氏が出てこなくとも東郷氏がいれば解決できることだった。また、先程の発言でもわかるように杉山氏は決して部下を守っていない。これをきっかけとして、杉山氏は鈴木氏のところへ頻繁に説明に出向くようになり、鈴木氏も「杉山は気が利く」と覚えも目出度《めでた》くなった。

その後、杉山氏は韓国公使になった。鈴木氏が中央アジアやサハリンに行くときソウルを経由することが何度もあったのだが、杉山氏は自分がソウルを不在にしている場合以外は、必ず空港に出向き、ＶＩＰルームと公用車を用意し、鈴木氏を現職閣僚に対する以上の扱いで丁重にもてなした。パスポート検査も全て大使館員が代行し、杉山氏の案内で鈴木氏は焼き肉料亭に向かう。支払いは鈴木氏もちで、しかも鈴木氏は金一封を大使館側に渡す。私自身、現金授受の現場に少なくとも二回はいあわせた。

この杉山氏が後に検察側証人として法廷に立ち、鈴木氏の外務省に対する不当な圧力を防ぎ、部下を守るために詫び状提出を余儀なくされたという証言をするのである。

特別付録②

杉山晋輔外務審議官の罪状

（鈴木宗男著『闇権力の執行人』第４章「腐臭が流れ出す場所」より）

週刊誌のスキャンダル隠蔽のために

私はかつて外務官僚の特権を守ったり、マスコミに対して外務省のスキャンダルを隠蔽するような作業に手を貸したこともある。

いまにして思えば反省すべきことであり、心から後悔もしている。反省の意味を込めて、本書では、知りうる限りの実態を明らかにしていくつもりだ。

その手はじめとして、外務省の機密費に関するスキャンダル潰しについて記していきたい。

平成九年（一九九七年）二月下旬のこと。ある週刊誌が「外務省高官の『二億円』着服疑惑」の特集記事を大きく報じた。

疑惑の中身は、「外務省の若手課長の中でもエース格で、将来の事務次官候補とみられている総合外交政策局のS課長」が外務省の外交機密費を私的に着服した、というものだった。

この疑惑が、その後、平成一三年（二〇〇一年）初頭に発覚する外務省要人外国訪問支援室・松尾克俊室長による外交機密費流用事件を引き起こし、外務省を大きく揺るがすことになるとは誰も考えていなかった。かくいう私もその一人だ。

一般に、外務官僚による外交機密費流用事件は「松尾事件」が端緒と理解されているが、本当の入り口はこの「S課長」による流用事件である。この事件で外務省を蝕《むしば》むウミをすべて出すことができれば松尾事件が起こることもなく、外務省も本来の姿に戻ることができたはずだ。

しかし、私はここで一つの「過《あやま》ち」を犯してしまった。この「過ち」によって、外務省は内側から腐りはじめ、いまや日本の外交を危うくするところまで落ちてしまった。私は贖罪《しょくざい》の意味からも、この事件の真相を明らかにしようと考えている。もしかしたら遅きに失したかもしれない。しかし、すべてを明らかにすることで外務省の闇に光が当たれば、必ずや出口も見えてくるのではないだろうか。

さて、「外務省高官の『二億円』着服疑惑」の記事についてだが、このなかで外務省高官の実名は伏せられ、イニシャルで表記されていた。概略は、「外務省総合外交政策局のS課長は、斉藤邦彦事務次官（現FEC国際親善協会理事長）の秘書官だった時期に、外務省の報償費（機密費）から二億円を着服し、料亭などの飲み食いに浪費していた」というもの。

ここで明らかにしよう。S課長とは杉山晋輔中東アフリカ局参事官（現同局審議官）である。

「S課長」こと杉山晋輔とは、いったいどんな人物なのか。略歴を書こう。

昭和二八年（一九五三年）生まれ。早稲田大学在学中に外交官試験に合格し、昭和五二年（一九七七年）に外務省に入省後、駐米大使館一等書記官、経済局国際エネルギー課企画官、事務次官秘書官を経て現職に就いている。

キャリア官僚である杉山氏が外務省機密費を私的に流用していたといわれる時期は、事務次官秘書官時代の平成五年（一九九三年）八月から平成七年（一九九五年）一月までの一年六ヵ月の間だった。当時の事務次官は斉藤邦彦元駐米大使。「外務省のドン」として、いまも絶大な権勢を振るっている人物である。

杉山氏は斉藤次官に寵愛《ちょうあい》され、東大出身者が主流の外務官僚にあって、「私立大学出身者初の事務次官」という見方も出てきた。また、早稲田大学出身の小渕恵三総理が早大出身者を重用したことや、杉山氏の父親が国際法の権威である杉山茂雄元法政大学教授だったことも、省内の力関係に大きく影響していたと考えられる。

東郷氏が口にした「取引」

このスキャンダルが報じられる前から、疑惑の全容が私の耳に入っていた。伝えてくれたのは、当時外務省欧亜局審議官だった東郷和彦氏である。

平成九年（一九九七年）二月、疑惑が発覚する数日前のことだった。東郷氏は血相を変えて議員会館の私の部屋に入ってきた。

「たいへんです。困ったことになりました」

アゴの下の脂肪の塊《かたまり》を震わせながら、ただならぬ様子の東郷氏に「何だ？」と聞いた。

「週刊誌のAが外務省のスキャンダルを書きます。この話が表に出ると、たいへんなことになります。仕事ができなくなります。とりあえずこちらのルートでAに当たりますが、上手くいかないときは、先生のお力を貸していただくことになります。よろしくお願いします」

このとき東郷氏が言っていた週刊誌の記事とは、外務官僚が機密費を私的に流用していたというスキャンダルだった。その日は結局それで終わったが、翌日も東郷氏はやってきた。ただし、打って変わって上機嫌だった。

「先生、上手くいきました」

話を聞いてみると、週刊誌側と「実名と顔写真を出さない」ことで手を打ち、イニシャルで済んだという。記事に書かれていることの事実関係を認めることと引き換えに、問題の外務官僚の実名公表を抑えることができたというのだった。

「取引が上手くいって、本人と関係者の名前は出ません。外務省としてはひと安心です」

東郷氏はこのとき、「取引」という言葉を使っていた。

それ以上私のほうから詳しく聞くことはなかったのではっきりしないが、「取引」というのは、実名と顔写真を落として記事をトーンダウンさせるが、その代わり細部について外務省が事実確認するということのようだった。

週刊誌側にしてみれば、外務省から訴えられたときに、記事に少しでも事実誤認があればきわめて不利な立場になる。リスクを回避するという点で、この取引には大きなメリットがあったのだと思う。

結局、この件で私が動くことはなかったが、外務省のために手を貸そうと思ったのは事実だ。

その第一の理由は、私が東郷和彦氏の能力と人柄を買っていたからだ。その東郷氏から頼まれたことならば断れない。

そして、東郷氏が「鈴木先生、杉山は能力があります。ワシントンで私の部下だったのですが、政治の役割がよくわかっている人物です。こんなことで杉山を潰してしまいたくないのです」と熱心に訴えてきたからだ。

能力のある人間が天狗になって、ちょっとした逸脱をすることはどの組織にもある。ここでは能力のある杉山氏を庇《かば》うことが日本外交のためになると考えた。いまから振り返っても、杉山氏に類《たぐ》い稀《まれ》な政治的能力があるのは間違いない。ただし、その能力は本業の外交よりも、自己保身、謀略の方面でより大きく発揮された。

私がスキャンダルを抑えようとしたもう一つの理由は、この問題が大きくなると、杉山氏にとどまらず、外務省全体に累が及ぶと懸念したからだった。組織がガタガタになっては困ると思ったのだ。私はただひたすら、外務省という組織を守りたかった。

また、機密費（報償費）に関していえば、外交では欠くべからざる資金だと思っている。もし機密費がなくなれば円滑に外交を進めることはできなくなるという危機感もあった。

さらにいえば、役人がいくら私的に流用したといっても、前例、常識の範囲内でやっているはずだと、事態をそれほど深刻に考えていなかった。

しかし、この問題は後に外務省を根底から揺るがすことになった。私の見通しは甘く、考えは間違っていた。深く反省している。

外務省機密費とは、正式には「報償費」と呼ばれる予算で、主として外交工作や情報収集活動のために使われる。予算規模は毎年五〇億円以上で、財政会計法上の特例措置として会計検査院の検査がなく、請求書や領収書の提出義務もない。名目さえ立てば使いたい放題の資金だ。

平成九年（一九九七年）度の外務省機密費の予算は約五五億七〇〇〇万円で、内訳は出先の在外公館への割り当て分が約三六億五〇〇〇万円、本省分が約一九億二〇〇〇万円だった。このカネを使うときは、在外公館では大使決裁、本省は「課長枠」「局長枠」などが決められていて、杉山氏は「事務次官枠」で引き出していた。

私自身は、すでに述べたように、外務省機密費は外交を円滑に進めるうえで必要だと思っている。しかし、だからこそカネを使う側の外務官僚には高いモラルが求められる。いまになってみると、杉山氏にはこのモラルが決定的に欠けていたのだが、それを許していた外務省という組織全体や同氏に群がった外務官僚に問題があったと考えている。

杉山氏は、この外務省機密費から流用した二億円ものカネを、ドブに捨てるがごとく浪費していた。記事のなかでその生々しい実態が明らかにされている。

たとえば、ホテルニューオータニで支払ったお子様ランチの請求書まで機密費に回していたというのはスケールの小さい話で、東京・向島の料亭や銀座のクラブで豪遊を繰り返していたという。

ある料亭では、裸になって肛門にろうそくを立て、火をつけて座敷中を這い回るという「ろうそく遊び」なる下劣な座敷遊びに興じていたというのだからあきれてものがいえない。

私自身、「ろうそく遊び」を自分の目で見たことはないが、「幼児プレー」をする外務官僚の姿を目撃したことがあるので、「ろうそく遊び」があっても少しも不思議ではないと思った。

さらに、タクシーに乗り放題だったことから、タクシー代よりは安上がりだといって専属公用車を支給されていた。さすがに「次官付とはいえ秘書官が専属公用車を使うとは何事か」と問題になったというが、まさに常識を超えたカネ遣いといえる。

機密費の流用はこれだけではなかった。杉山氏は他の部署の幹部の飲み食いまで立て替え、部局を超えた「人脈作り」に励んでいたという。

この週刊誌によると、杉山氏に飲み食い代をツケ回していたのは「駐独大使館のM参事官」「駐英大使館のH参事官」とあるが、それぞれの実名は、森元誠二駐ドイツ公使、原田親仁駐イギリス公使（現欧州局長）である。

反日デモを招いた張本人

杉山氏にツケ回していたとされる「駐英大使館のH参事官」こと、原田親仁現欧州局長の名前は別の件で有名だ。

平成一六年（二〇〇四年）八月七日、北京で行われたサッカーのアジアカップ決勝戦で、中国チームの敗戦に怒った地元サポーターがスタジアムの外で騒ぎ出したという事件を思い出していただきたい。このとき、暴徒化した中国サポーターに蹴られたり投石されたりしたのがサッカー観戦を終えてスタジアムから出てきた原田氏（当時駐中国公使）の乗る公用車だった。

それにしても、中国大使館のナンバー2である公使という立場の原田氏のこの事件への対応は、およそ外交官としての自覚が皆無だった。アジアカップでの中国民衆の声を目の当たりにしたのなら、その後の対応に何らかのアクションがあってしかるべきだ。日本の外交官として、中国の民衆の顔を目を凝らして見つめ、日本はどのような対応が必要なのかを予測しなければならなかった。

ところが、原田氏は何も手を打たなかった。私は、こうした原田氏の不作為が平成一七年（二〇〇五年）四月に中国の各地で起きた反日デモにつながったのだと思っている。

一般論だが、表面的に何も起こっていないときは二つの理由が考えられる。一つは、一生懸命仕事をしているから何も起こらない場合だ。もう一つは、何もしていないが偶然何も起こらない場合である。水面に浮かぶ水鳥の脚と同じで、水の中でどうなっているかは外からではうかがい知れない。

しかし、外交という世界では、何もしないで偶然に頼っていると、いつかどこかで必ず爆発が起こる。いまの日本がまさにその状態にあると思っている。原田氏がその典型例だが、日本の外交そのものが不作為に取りつかれ、国益を毀損する危険が高まっているのではないだろうか。

国益を考えない官僚の不作為について、国民はその実情をまだ知らされていない。

外務省の情報統制

「機密費二億円着服疑惑」は問題の重大性とは逆に、それほど大きな広がりを見せなかった。週刊誌が報じる前に東郷氏が取引を持ちかけて幹部の実名と顔写真の掲載を抑えたことで、ダメージを最小限にすることができたことが大きかった。

さらに、「外務省記者クラブ（霞クラブ）」のなかに機密費による接待を受けていた記者が多数存在したため、彼らが黙殺を決め込んだのである。

外務省機密費の流用先は、杉山氏自身の飲み食いや省内の仲間たちからのツケ回しだけではなかった。

杉山氏は行きつけの銀座のクラブに、外務省記者クラブに所属する大手新聞社や放送局の記者をしばしば連れて来ていた。しかも、記者たちはその後、自分たちだけで店にやってきて、一人二万~三万円という請求書を杉山氏に回していたという。

杉山氏のマスコミ人脈は広範にわたっていたようだが、仲介役を果たしたのは原田親仁駐イギリス公使だった。原田氏は本省にいたとき、記者クラブ所属の記者の求めに応じて外務省発行の白紙領収書を渡していたことで、記者と太いパイプがあったということだ。

要するに、外務省と記者が持ちつ持たれつの関係になっていたため、外務省に対する遠慮があった、ということになる。

その後、二億円機密費流用疑惑は一気に収束し、杉山氏は順調に出世街道を進んでいく。

杉山氏との付き合いの始まりは、彼が条約課長だったころなので、平成一〇年（一九九八年）のことだ。当時の条約局は外務省のなかでも一番のエリート部局で、他の部局には見られない条約局だけの伝統があった。それは、国会議員を「先生」と呼ばない習慣だ。

条約局では、「先生」とは学者に対する敬称で、国会議員に対しては使わない。外務官僚の美学からすれば、政治家に毅然とした態度を貫くという気概があるということになる。

そこへ東郷和彦氏が条約局長としてやってきた。東郷氏は、「政治家はうまく使えばいい。政治家との関係をもっと丁寧にしろ」という考えで、その意味では狡猾だった。それまでの条約局は、「何かあれば、政治家のほうから来ればいい」という態度があった。東郷氏は政治家のところに自ら足を運んだ。

東郷氏は、大臣官房の総括審議官から条約局長に抜擢《ばってき》され、自己の栄達のために北方領土問題を進めていくなか、政治家との関係をよくしておこうと考えた。杉山氏もその方針に従って頻繁に私の元を訪ねてくるようになったのである。

ところが、私が逮捕されると態度が一変した。掌《たなごころ》を返したように、杉山氏は鈴木宗男の犠牲者であると装った。その一例が検察に写しを提出した「詫び状」の件だった。

「詫び状」がいつのまにか「圧力」に

ことの発端は、イスラエルからの学者招待をめぐるちょっとしたトラブルだった。当時の小渕恵三総理、野中広務官房長官はイスラエルのロシア情報を高く評価していた。小渕総理は北方領土問題の解決に政治生命を懸けており、私にロシア情報の集約を命じた。外務省の主任分析官・佐藤優氏はイスラエル政府と緊密な関係をもつテルアビブ大学のゴロデツキー教授、ナベー教授(国防軍准将)のロシア情報はきわめて正確で深いという判断だった。そのため、外務省国際情報局が平成一一年(一九九九年)三月にこの二人を日本に呼ぼうとした。

私もゴロデツキー教授の重要性については、イスラエル政府高官からも聞いていたので、この計画をぜひ進めたらよいと考えていた。ただし、年度末で外務省予算がないので、国際情報局が外務省関連の国際機関「支援委員会」から予算を取ろうとしたところ、条約課がストップをかけた。そのため計画が頓挫しそうになった。「支援委員会」は北方領土問題解決のために作った組織なので、情報収集のためにこのカネを使うことは何の問題もないと東郷和彦条約局長は私にはっきり言っていた。しかし、条約課のロシア事情を知らない事務官が「イスラエルはロシアと関係ない。

カネは出せない」と言い張っているという話を佐藤優氏から聞いて、私は関係者を官邸に呼びつけた。そして「何のために『支援委員会』があるのか」「イスラエル情報の重要性を小渕総理がどれだけ重視しているかわかっているのか」と問い質したことがある。

そのときは外務省の予算に余りがあるので支援委員会のカネは使わなかったという報告を受けた。ゴロデツキー教授の情報は有益なので、その後、支援委員会のカネで日本に来てもらい、平成一二年（二〇〇〇年）四月には、袴田茂樹青山学院大学教授、末次一郎安全保障問題研究会代表などの専門家をテルアビブ大学が主催する国際学会に派遣した。

これが平成一四年（二〇〇二年）になると、東京地検特捜部は、佐藤優氏の請託に基づいて私が外務省に不当な圧力をかけて、違法な資金流用を行ったという筋読みで背任事件を作ろうとした。しかし、ゴロデツキー教授の訪日には東郷条約局長がサインした決裁書、学者の派遣には東郷局長に加え川島裕事務次官、つまり外務官僚のトップがサインした決裁書がある。

それでも検察は事件にして、佐藤優氏を逮捕した。佐藤優氏を除く外務官僚は、「支援委員会からカネを出すのは違法と思っていましたが、佐藤優の背後には鈴木宗男がいるので、サインしないと恫喝されたり、人事で不利な目に遭わされるのが怖かったのでしぶしぶサインしました」と答えた。

これはおかしな話だ。違法だと思うなら職責を賭して反対すればよい。支援委員会は北方領土問題解決のために戦略的に活用すればよいという私の考えは間違っていないといまも考えている。ロシア情報収集のために支援委員会のカネを使うことに何の問題もない。むしろ、生きたカネの使い方だと私は思った。

それに「怖いから違法な決裁書にサインした」などというのはまともな大人の話ではない。この理屈が通るなら、「金正日が怖いから日本の国益に反する条約にサインしました」という理屈も通ることになる。

話を平成一一年（一九九九年）三月に戻そう。

このとき杉山氏は、「私はイスラエルの重要性をわかっていますが、課員たちはわかっていないようで申し訳ございませんでした。私の課員に対する指導不足でした」と部下の認識不足について頭を下げた。一見、部下を守っているように見えるが、実際は下僚への責任転嫁にほかならなかった。

後日、杉山氏はこのときの経緯を文書にして総理官邸の私の執務室に持参してきたのだが、これが後になって「詫び状」にすり替わることになる。

私が逮捕されたあと、杉山氏は検察に対してこう供述していた。

「鈴木の圧力で詫び状を出しました」

「鈴木宗男のおかげで課員はひどい目に遭いました。課員を守るために詫び状を出さざるをえなかったのです」

先述の文書が、「詫び状」に化けてしまったのである。どう考えて杉山氏はこんな作り話をしているのか。そもそも杉山氏は部下をまったく守っていない。

ときどき事実関係で嘘をつく官僚がいるので、何があったのかという点で正確を期すために、月日・時間順に事実関係を箇条書きにしたメモにしてくれ、と私から要請したことは何度もあった。しかし、「詫び状」を出せと言ったことなど、断じてなかった。杉山氏が勝手に持参してきて、それを後から「詫び状」だったと言っているだけなのである。

この件について佐藤優氏は、取り調べのときに西村尚芳検事から言われたという話を『国家の罠』で次のように書いている。

〈杉山はこの機会を利用して鈴木さんに近付こうとしたという印象を僕ももっているんだ。クラッシュを作ってそれから仲良くなるというのは政治家がよく使う手法だからね。杉山はそれを読んだ上で鈴木官房副長官と御縁をつけたのだろう。しかし、外務省は狡猾だよな。この手紙の写しを保存してあって、鈴木からの圧力の証拠として早い段階に自主提出してきた。鈴木さんも文書をとる癖が裏目に出た。捜査になればこの種のものは全部物証になってしまうからね〉

西村検事の見立ては正しい。この件があってから杉山氏が足繁く私のところにやってくるようになった。杉山氏の「詫び状」は、私の懐に飛び込むという計算に基づいていた、というわけだ。

女性家庭教師と昼も夜も

その後、杉山氏は平成一二年（二〇〇〇年）に在韓国大使館に公使として赴任することになったが、韓国でもたびたび顔を合わせることがあった。たとえば、この年の八月一七日には、ハバロフスクから帰国するためにトランジットでソウルに立ち寄った。また、翌平成一三年（二〇〇一年）三月一〇日にも、関西空港からユジノサハリンスクへ行くためにソウルを経由した。

こうしたとき、杉山氏は必ず空港まで来て、腰を四五度曲げて最敬礼で迎えてくれた。私の乗った飛行機は、空港内のＶＩＰルームのすぐ近くに停まり、豪華なバスで部屋まで送ってくれた。ＶＩＰルームも絨毯張りのたいへん豪華な部屋で、杉山氏は「これは閣僚級の待遇です」と特別待遇を強調していた。

そうはいっても、さすがに「時間がないので、スタンプを押さないで入国できます。私と一緒なら心配ありません」というから首をかしげてしまった。トランジットなので、てっきり空港内で時間をつぶすのかと思っていたのだが、そうではなかったのだ。

杉山氏は、煩雑《はんざつ》な入国の手続きをしなくても済むように便宜《べんぎ》を図ってくれ、「鈴木先生は焼き肉がお好きなので」といって、空港から公用車を飛ばしてソウル市内の高級焼き肉店につれて行ってくれた。

その焼き肉店には現地の大使館員や私の同行者など四、五人で行き、コース料理を食べながら他愛もない話をした。そんなとき杉山氏は、しきりに韓国の高級クラブの女性やゴルフの話をしていた。

「韓国はどうだい？」

「最近はクラブも値段が高くなりましたが、銀座や赤坂と比べればずっと楽しくできますね」

日韓の外交問題について聞いたつもりだったが、返ってきたのは的外れの答えだった。

「ゴルフが安い値段でできて、コースも非常にいいんです。おかげでご覧のとおり真っ黒に日焼けしました。それに、韓国は物価が安いからお金も貯まります。いや、本当にいいところです」

さらに、「韓国語を勉強するために女性の家庭教師を雇いましたが、これがとびきりの美人なんです。昼も夜も家庭教師をしてもらっています」といってニヤケているのだった。

デザートが出てきたところで、私は若い大使館員に伝票をもってくるように頼んだ。杉山氏は「大使館で払います」と言ったが、私は押し切って自分で払った。八〇〇ドルくらいだったので、思ったよりも安かったと記憶している。

必ず一〇〇〇ドル渡す理由

この支払いとは別に、私は杉山氏にカネを渡した。裏側に「鈴木宗男」と印刷してある封筒の表に、筆ペンで「寸志」と書き、なかに一〇〇ドル紙幣を一〇枚入れ、合計一〇〇〇ドルを杉山氏に渡した。杉山氏は、「どうもありがとうございます」と深々と頭を下げ、両手を差し出して封筒を受け取っていた。

　これは私の善意だった。韓国だけでなく、どこの日本大使館でも若い職員たちはほんとうに頑張って仕事をしている。彼らに後でメシでも食べさせてあげてほしい、慰労会の費用にでも使ってもらえれば、という気持ちでいつも手渡すのである。

　ただし、後で聞こえてきたところでは、このカネで慰労会を行わずに、大使館の「裏基金」に入れたり、カネを渡された幹部館員が自分のポケットに入れたり、親しい仲間の間で分配してしまうこともよくあったらしい。

　杉山氏は、現金を受け取った事実はないと否定しているようだが、その場で見ている人が何人もいるなかで渡しているのだから、これは間違いない。このとき杉山氏は自分のポケットに入れた。

　これ以外にも、杉山氏に「寸志」を渡した。別のときには鹿取克章《かとりよしのり》公使も同席しており、杉山氏は「寸志」を受け取ると鹿取氏に、「これを戴きました」といって渡している。

　私は別に杉山氏だけ特別扱いしていたわけではない。在外公館で世話になると、私はどこでも必ず大使館の職員に「寸志」を渡していた。金額はだいたい決まっていて、一泊につき一〇〇〇ドル、二泊すれば二〇〇〇ドルといった具合だった。大使館員に「寸志」を渡すことも政治活動の範囲と割り切っていたのである。

どこの国に行っても「寸志」は受け取ってもらえたが、一度だけ断られたことがある。それは平成一三年（二〇〇一年）にエジプトを訪れたときのことだった。このときは大使館の対応があまりに滅茶苦茶だったので、在エジプト大使館の須藤隆也《すとうたかや》大使も「寸志」は受け取れないと考えたのだろう。

しかし、社会通念上、公務員の仕事に対してカネを渡すことは許されない。それに、国民から見れば一泊一〇〇〇ドル（約一二万円）はとても大きなカネだ。軽率な行為だったと言わざるをえない。国民の目線からすれば、私のとった行動はおかしかったと反省している。特権意識に染まった外務官僚と親しくするうちに、私自身の感覚が麻痺してしまったのだ。

ただ、一つわかってもらいたいことがある。外務省の役人は、便宜供与した議員のスキャンダルめいた話を後から作って信用失墜を図る。

「〇〇先生はクリーニング代まで大使館に付け回した」

「〇〇先生がカジノで五〇〇〇ドルも負けて財布がカラッポになったので、大使館員からカネを借りた」

こうした話を私も何度か耳にしている。私の「寸志」は、純粋に「ありがとう」という感謝の気持ちだったが、頭の片隅に「鈴木がメシをたかった」などといった陰口を叩かせないという計算もあった。

というのも、一度ひどい経験をしているのだ。ロシア支援室の首席事務官だった山本広行氏が在モスクワ大使館で一等書記官として勤務していたときに、「鈴木宗男が『パトカーを先導車につけろ』と大騒ぎしていた」と、私と対立していた鉢呂《はちろ》吉雄衆院議員（民主党）にリークして、私の信用失墜を図ろうとしたことがあったのである。

ことの真相はこうだ。大使館側から「カネを払えばパトカーを先導車につけることができるがどうしますか」と言ってきたので、値段を聞いてみると一時間数十万円という。これは常識では考えられない金額だ。しかも以前はいつも無料で先導車がついていたので、私は「一時間数十万円の先導車などという話は聞いたことがない。おかしいと思わないか」と指摘した。このことを逆恨みして、「鈴木がカネを出し惜しんで暴れた」という話を流したのだと私は理解している。

私の訪問を利用して、先導車を管理している交通警察を儲けさせてやり、後で大使館員が交通事故を起こしたときにうまく取り引きすることを考えていたのだと思う。

外務官僚は信頼できないということを痛感した。

ちなみに山本広行氏は、ロシア支援室首席事務官を務めていた。山本氏が異動になったあと、彼がサインしたチャイナバーの伝票が支援室に回されていたので、さすがの支援室も、「中国人女性が接待していることが明らかになる請求書を落とすことはいくらなんでも危険です」と言って、山本氏に請求書を戻したという話を支援室職員から聞いたことがある。

さらに、山本氏はソ連時代にモスクワに勤務していたが、私用車を二回売却し、そのうち、二回目のBMWはあまりに高額なため「ルーブル委員会」でも処理しきれないので、モスクワの銀行口座に預けたという話も、当時、山本氏とともにモスクワに勤務していた複数の外交官から聞いた。

便宜供与のいい加減ぶり

ところで、国会議員や学者、財界人が海外に出ると、外務省本省から現地の在外大使館に「便宜供与電」という電報が入ることになっている。「○○さんが行くから接待しろ」という意味の連絡で、当然予算がつく。

この「便宜供与」のカラクリは、これまで秘密のベールに包まれていたが、私の質問主意書で初めて全体像が明らかになった。

「便宜供与電」にはAA、BB、CC、CC―GG、DD、TT―XX、TTというカテゴリーがあり、次のようなランクで分けられている。

AA　皇族、総理、国務大臣、衆・参両院議長、前・元総理など
BB　衆・参両院副議長、衆・参正式派遣議員団、各省庁副大臣・大臣政務官、前・元衆・参両院議長、前・元国務大臣、都道府県知事など
CC　衆・参両院議員、各省庁事務次官、各省庁局部長、都道府県議会議長など
CC―GG　各省庁課長など
DD　その他の国家公務員、地方公務員、公益を目的とする法人・団体の職員など
TT―XX　上述のいずれかに該当する者であって、とりあえず通報するが、追って本人から通報がある場合には、しかるべく便宜供与を行う者
TT　上述のいずれかに該当する者であって、参考までに通報する者

国会議員と役所の局長が同じランクであるというのは、外務省の基準がいかに役人優先かということを示すものだ。

ところで、杉山氏は恩着せがましく「これは閣僚級の待遇」と言っていたが、私は

国務大臣（北海道・沖縄開発庁長官）を務めたことがあるので、はじめから一般の国会議員よりはランクの高いBBという「便宜供与電」が東京から来ていたはずだ。杉山氏は自分の努力で特別待遇をしているというように演出したのだと思う。

私の出張のために外務省からカネが振り込まれてくる。しかし、現実には必要経費はすべて私が払っているうえ、「寸志」まで渡しているので、外務省の予算はまったく消化していないことになる。役所の予算はなにがなんでも消化するのが鉄則なので、浮いたカネを本省に返すことはまず考えられない。この辺りから裏金作りの誘惑が生じる。

外務省の幹部職員には、必ずお気に入りの会計担当官がいる。幹部が大使になって赴任するときにはこのお気に入りを連れて行き、裏金作りをさせる。国会議員や閣僚の訪問の際にさまざまな「工夫」をして、外務官僚が自由になるカネを作るのだという話を、実際に会計を担当する若い人たちから何度も聞いた。

また、便宜供与自体も恣意的に行われているということもわかる。事実、平成一六年（二〇〇四年）一二月に私がベトナムに行ったときも、それを実感した。

このとき私は国会議員ではなかったが、サトウキビに関する農業交渉の仕事でベトナムを訪れるため、事前に外務省に連絡を入れていた。すると、対応した北島信一官房長はこういったのだ。

「現在バッジが付いていない鈴木先生は一般民間人なので、便宜供与はできません」

私は国会議員並みの空港送迎や、会食のような便宜供与を求めたわけではなく、ベトナムの農業事情に詳しい大使館員から説明を聞きたいと思って連絡しただけだ。にもかかわらず、官房長は必要以上に私と距離を置こうとしていた。

外務省の慣例では、民間人であっても閣僚経験者には便宜供与することになっているはずだ。たとえば、元埼玉県立大学教授の吹浦忠正氏（東京財団常務理事）がユジノサハリンスクを訪れたときに現地の総領事館の便宜供与を受けた。外務省に大きな影響力を持つ青山学院大学の袴田茂樹教授も、ロシアや中央アジアで国会議員団の便宜供与を受けている。いかに役人が便宜供与を恣意的に使い分けているかがわかるというものだ。

ちなみに、便宜供与には必ず飲み食いがつきもので、ほかには空港のVIPルーム使用、移動のためのハイヤー代などが含まれる。これらの出所は、もちろんすべて国民の税金である。

便宜供与の問題は外務省改革の根幹に関わることだと考えている。「闇権力」の特徴は、国民の税金を使って過剰便宜供与で政治家を腐敗させることだ。腐敗させて弱みを握り、「闇権力」にとって都合よく操ろうとする。カネで籠絡《ろうらく》する、女性をあてがう、酒に酔わせて醜態をさらさせる、カジノですらせる……これが外務官僚の手口だ。政治家、学者、新聞記者を困った状況に陥れて助ける。これで貸しを作るのだった。

そして、「闇権力」はこの貸しを必ず回収する。それも、大きな利息をつけて——。

大使館の「政治部長」

杉山氏とは東京の高級料亭でも会食したことがある。

克明につけている日程表を見ると、平成一一年（一九九九年）三月三一日に赤坂の高級料亭「口悦」で、阿南惟茂《あなみこれしげ》アジア局長（現駐中国大使）を筆頭に、西田恒夫総括審議官（現外務審議官）、伊藤哲雄国会担当参事官（現駐カザフスタン兼キルギス大使）、塩尻孝二郎大臣官房総務課長（現官房長）、河相周夫総合外交政策局総務課長（現北米局長）、そして杉山条約課長を含む総勢一二人の幹部と会食した。芸者さんも三、四人入っての宴席の費用はすべて私が持ったが、総額で一〇〇万円を超えていた。

ところが、平成一四年（二〇〇二年）にメディアスクラムによる「鈴木宗男バッシング」が始まったとき、杉山氏の動静を知りうる立場にいる外務省関係者から「大臣、杉山が変な動きをしています」と忠告されたことがあった。しかし、私は「それはないだろう」と相手にしなかった。いまになって思えば、私もずいぶん人がよかったということになるだろう。

その後、佐藤優氏の公判で杉山氏は、「鈴木によって外務省はきわめて不正常な状態になった。執務がまともにできるような環境ではなかった」などと証言している。

面従腹背は役人の専売特許ともいえるが、その意味で杉山氏の体質は典型的な「役人」だった。この杉山氏だが、韓国大使館では「政治部長」と呼ばれていた。

韓国で「部長」は大臣を意味するが、日本大使館の「部長」は班長に過ぎない。外交官本人が尊大だとそれが家族にも伝染することがある。週刊誌ネタにもなった話を、外務省に深く食い込んでいるジャーナリストから聞いた。

それは、夫人の言動が物議をかもして問題になったことだ。

「たかが商人の分際で、大使館の政治部長夫人をバカにするの」

「政治部長は国を動かすくらいの力があるのよ。私が手を回せば商売をできなくすることだってできるのよ」

平成一三年（二〇〇一年）三月、杉山夫人がソウルのロッテ・ホテルのロビーである人物に浴びせた罵声《ばせい》である。その人物とは、ロッテ・グループの重光《しげみつ》昭夫副会長だった——。

警察幹部の耳打ち

平成一二年(二〇〇〇年)一二月初旬、知り合いの警察幹部から重大な秘密を耳打ちされた。

「外務省に不祥事があります。一刻も早く処分したほうがいい。鈴木先生は外務省の応援団で、人一倍外交に熱心だから耳に入れておこうと思いました。外務省の中で処理すれば、まだ間に合います。刑事事件になることはありません。でも、放っておけばどこまで発展するかわかりませんよ」

これが、いわゆる「松尾事件」について私が初めて知ったときである。

私はすぐに外務省の阿部知之《あべともゆき》官房長に連絡したのだが、まったく話にならなかった。すると、「本人に直接聞いてみます」と答えたのはいいが一週間も待たされた挙げ句、

「先生、松尾は仕事もできるし、いい男ですよ。親の遺産が入ったから金はもっているそうです。競走馬も親からもらったようです。こう言っては何ですが、先生よりも

お金はもっていますよ」

当時、私は億単位の政治資金をもっていた。そのうえでこのような人をバカにしたような返事を返してくる始末だった。私は、「俺がいくら政治資金をもっているか知りもしないで、なんて奴だ」と思ったが、もちろん顔には出さなかった。

その後、この年の末、知り合いの記者数人と赤坂東急ホテル（現赤坂エクセルホテル東急）二階奥のレストランでビールを飲んだときに、マスコミの関心がどの程度かを探る意味もあって、彼らにそれとなく耳に入れてみた。しかし、どの社もこの件について書くことはなかった。

そうこうするうちに年が明け、平成一三年（二〇〇一年）一月一日付の朝刊で、読売新聞がこの問題をスクープすることになる。

「アメリカンスクール」の中枢にある腐敗

松尾事件と杉山氏の機密費着服事件は密接なつながりがあった。

外務省機密費を流用した錬金術は、発覚しなかっただけでかなり以前から行われていた。そのころの錬金術師は、杉山氏のようなキャリアの事務次官秘書官が持ち回りで担当していたということだった。ところが、先述の週刊誌の報道によって、直接カネに触るといつ何時表沙汰になって傷がつくかわからなくなった。それで代わりに松尾氏のようなノンキャリがその役割を担うことになったのである。

杉山氏がそうであったように、機密費に直接手を入れているのは「アメリカンスクール」であり、その頂点に立つのが斉藤邦彦元駐米大使だ。「斉藤マフィア」と言ってもいい。

「斉藤マフィア」は事務次官当時の秘書官だった杉山氏に代わって、ノンキャリア組のなかで寵愛していた松尾氏を新しい錬金術師に指名する。こうして「アメリカンスクール」の中枢に腐敗の構造ができあがったと私は睨んでいる。

事件が発覚する前、私は阿部官房長に松尾氏のカネ、女、不動産、競走馬がらみの疑惑についてはできるだけ厳しく徹底的に調べないと、あとでたいへんなことになると助言した。阿部官房長は大柄だが温厚で、誠実な人物だ。しかもフットワークも悪くない。

しかし、この件に関して阿部氏は松尾氏を庇うような態度に終始して、うやむやにされてしまった。阿部官房長は松尾氏のバックにいる斉藤元大使の存在を見て、下手に松尾氏を疑えば自分の身に火の粉がかかると察知したのだろう。

松尾氏はしたたかな男だった。

あるとき、「ロシアンスクール」のドンである丹波實氏（元駐ロシア大使、現日本エネルギー経済研究所顧問）が、こんなことを私に言った。

「ムネさん、なんで松尾を苛《いじ》めるんです。省内のムネさんの評判はよくないですよ。松尾は使える男です。余人をもって替えがたい」

たしかに、あれだけの事件を起こすのだから余人をもって替えがたい人材だったことは間違いない。そして、丹波氏にとっては便利な部下だったのだと思う。

丹波氏は「ロシアンスクール」に属するが、若いときにアメリカ大使館勤務の経験があった。そのときの交流がスクールを超えた人脈となって広がったのだ。

結局、事件が発覚した後、外務省は松尾氏を放り出し、刑事告発した。だが、本当に放り出したのだろうか。松尾氏は男気のある人間だった。すべての罪を自分ひとりでかぶったのだ。

丹波氏が言うように、外務省内の「サミットマフィア」のなかで松尾氏の評判はいまもいい。松尾氏は当初、自分の給与を持ち出してでも、よい仕事をするために使っていたそうだ。親分肌で、若い連中を庇っていた。

松尾氏の理屈はこうだ。「これまで公のために自分のカネを投入するという『公私混同』で汚れ仕事をこなして評価されたのだから、公金がついたら今までの『貸し』

を少しくらい取り返す権利があるだろう」。そして深みにはまり、余人をもって替えがたい本物の公私混同を行った。汚れ仕事を見て見ぬふりをする外務省の体質から生じた組織犯罪だ。

松尾氏に世話になった外務官僚は、斉藤氏、丹波氏をはじめ多数いる。私は外務省と松尾氏の間に裏取引があると睨《にら》んでいる。松尾氏が刑務所から出てきた後、外務省は必ず面倒を見る。

それは松尾氏が知りすぎているからだ。何も外務省が情けに厚いからではない。すべてを飲み込んだ、知りすぎた人間を放ったらかしていたら、いつ何時、悪事を暴露するかわからないから囲い込もうとするのである。

松尾氏の弁護士は外務省からの紹介だったということだ。松尾氏の残党がいまだに外務省で大手を振って歩いている。目を凝らしてみると、腑に落ちないことがたくさん出てくる。

知りすぎてしまったよそ者は

私は外務省の裏側で行われているこうした「カラクリ」を知りすぎてしまったのかもしれない。組織の人間にとって、知りすぎてしまった外部の人間ほど厄介なものはいない。

「鈴木宗男を犯罪者にすれば、何を言っても誰も信じないはずだ。メディアも相手にしない」

外務省の中枢にいる人間がこう考えたとしても不思議ではない。

平成九年（一九九七年）に起きた杉山氏による機密費流用事件のときに外務省のすべてのウミを出しておけば、松尾事件は事前に防ぐことができた。このとき私は判断を誤った。守ってはいけないものを守ってしまった。

ウミを出すことのできる立場にいながらそれをしなかったと、心底反省しているのである。

私は、外務官僚を傷つけないことこそが日本の国益に適うと思っていた。正直に言うと、外務官僚は相当おかしなことをしていると思っていた。

しかし、どのような人間にもよい部分と悪い部分がある。内部でそれを相殺《そうさい》してプラスになればよいのだと無理して考えようとしていた。

いまになって考えてみると、私は応援団として、外務官僚の負の要素ばかり守ってしまった。結果として外務省の組織としての力を弱体化させてしまった。私の責任は大きい。

私はいま忸怩たる思いでいっぱいである。この点は悔やんでも悔やみきれない禍根であり、国民に頭を下げて心からお詫びしたい。

本書に登場した主な外務省官僚のみなさまと鈴木宗男さん

（順不同・敬称略）

鈴木宗男

塩尻孝二郎

篠田研次

秋元義孝

東郷和彦

上月豊久

片上慶一

谷内正太郎

川島 裕

松田邦紀
（在香港日本国総領事館のホームページより）

岡本治男

杉山晋輔

川村博司
（AsiaXのホームページより）

原田親仁

大菅岳史
（Beyond MDGs Japanのホームページより）

小寺次郎

飯村 豊

松尾克俊

WHO'S NEXT?

倉井高志

西田恒夫

竹内行夫

おわりに

日露関係が大変深刻な事態に陥っている。

本書の編集を始めた直後の2015年9月2日、ロシア外務省で北方領土交渉を担当する責任者であるモルグロフ次官が「われわれは（北方領土問題について）日本側といかなる交渉も行わない」「南クリル（北方領土のロシア側呼称）は第二次世界大戦の結果、法的にわれわれの側に移った。解決済みだ」という、日本にとってたいへん挑発的な発言を行った。

これは過去の日露間の合意を完全に無視するものだ。1956年の日ソ共同宣言で、ソ連は平和条約締結後に歯舞群島と色丹島の日本への引き渡しを約束している。日ソ共同宣言は両国議会が批准した法的拘束力を持つ国際約束である。しかも、1993年の東京宣言で、日露両国は、択捉島、国後島、色丹島、歯舞群島の帰属の問題を解決して平和条約を締結することに合意している。さらに、2001年3月のイルクーツク声明で、プーチン大統領は日ソ共同宣言と東京宣言を明示的に再確認している。つまり、今回のモルグロフ次官の発言は「ロシアとプーチン大統領が過去に日本に対して行った約束を反故にする」とロシア外務省が宣言したに等しい。

このように日露関係が完全に行き詰まった状態であるにもかかわらず、安倍晋三首相と外務省は、岸田文雄外相をロシアに派遣し、9月21日には日露外相会談が行われた。だが、北方領土問題ではロシア側に交渉そのものを拒否され、日本側が年内の実現を目指しているプーチン大統領の訪日日程も決まらないなど、日本外交の完全な敗北に終わった。北方領土交渉の前進がまったく期待できない状況下で、しかも日米関係が悪化するリスクを抱える中、いかなる勝算があってこのタイミングで日露外相会談を行ったのか、まったく理解に苦しむ。おそらく、現在の外務省は場当たり的な外交に終始するだけで、中東情勢、米露関係、日米関係、北方領土交渉の相互連関がわからないのであろう。

日露外相会談のこのような結果は、日本外交の基礎体力低下を如実に示している。外務省はあたかも北方領土交渉が進んでいるかのように偽装しているが、その中心に立っているのが、モルグロフ次官のカウンターパートも務める杉山晋輔外務審議官である。

ロシアには「一度に二つの椅子に座ることはできない」という諺がある。確固たる戦略もないままに、アメリカとロシアの双方にいい顔をしようとする、さらに言うならば、外務次官に上り詰めたい一心で、最初から無理だとわかっていても、ひたすら安倍政権にゴマをすろうとして失策を重ねる杉山審議官の外交は、「一度に二つの椅子に座ろう」とするまさにコウモリ外交そのものである。こんなことが続くようでは、いずれ大変な破局が日本を襲うことになるだろう。そのような危機感もあって、これまでお蔵に入れていた『月刊現代』の連載「外務省『犯罪白書』」を自費出版して世に問うことにした。

最後に強調しておくが、本書に載せた文章は「はじめに」と、この「おわりに」を除き、すべて8～10年以上前に書いたものを再掲載している。鈴木宗男事件のときにたいへんにお世話になった杉山晋輔外務審議官が事務次官に就任するという噂を聞いてから慌てて書いた類いのものではない。個人的な想いがまったくないとは言わないが、国益を著しく損なっている現状の日本外交――その問題点を、外務省幹部の実名をあげてはっきりと指摘することこそ、私の使命だと考えた。

そのあたりはぜひ読者の皆様のご判断に委ねたいし、忌憚のないご意見を賜りたいと思っている。

本書は二〇一五年一二月に自費出版された単行本（発行所は講談社エディトリアル）を、文庫化にあたり加筆・修正したものです。

佐藤優－1960年生まれ。85年、同志社大学大学院神学研究科修了後、外務省に入省。在英国日本国大使館、ロシア連邦日本国大使館などを経て、95年から外務本省国際情報局分析第一課に勤務。2002年５月、背任と偽計業務妨害容疑で逮捕。05年２月に執行猶予つき有罪判決を受けた（無罪を主張し続けたが09年６月に有罪確定）。
05年『国家の罠――外務省のラスプーチンと呼ばれて』で毎日出版文化賞特別賞を受賞。主な著書に『自壊する帝国』（新潮ドキュメント賞、大宅壮一ノンフィクション賞）『獄中記』『私のマルクス』『宗教改革の物語――近代、民族、国家の起源』『「知」の読書術』など。

日本国外務省検閲済

講談社＋α文庫 外務省犯罪黒書《がいむしょうはんざいこくしょ》

佐藤優《さとうまさる》

2018年３月19日第１刷発行

発行者――――渡瀬昌彦

発行所――――株式会社 講談社

東京都文京区音羽2-12-21 〒112-8001

電話 編集(03)5395-3522

販売(03)5395-4415

業務(03)5395-3615

デザイン――――鈴木成一デザイン室

カバー印刷――――凸版印刷株式会社

印刷――――大日本印刷株式会社

製本――――株式会社国宝社

落丁本・乱丁本は購入書店名を明記のうえ、小社業務あてにお送りください。
送料は小社負担にてお取り替えします。
なお、この本の内容についてのお問い合わせは
第一事業局企画部「＋α文庫」あてにお願いいたします。
Printed in Japan ISBN978-4-06-281742-4
定価はカバーに表示してあります。